告别搬砖24堂课

安中玉◎编著

思维革新
是开启财富之门的关键。
在快速变化的时代，
我们需要跳出传统思维，
拥抱变化，勇于尝试，
不断学习新知识。

培养积极的财富心态
从消费到投资
让每一分投入都为
未来的财富增长铺路

黑龙江美术出版社

图书在版编目（CIP）数据

告别搬砖 24 堂课 / 安中玉编著 . -- 哈尔滨：黑龙江美术出版社 , 2025. 3. -- ISBN 978-7-5755-0969-5

Ⅰ . C913.2-49

中国国家版本馆 CIP 数据核字第 2025DK1679 号

书　　名：告别搬砖 24 堂课
GAOBIE BANZHUAN 24 TANGKE

出 版 人：乔　靓
编　　著：安中玉
责任编辑：李　旭
装帧设计：黄　辉
出版发行：黑龙江美术出版社
地　　址：哈尔滨市道里区安定街 225 号
邮政编码：150016
发行电话：（0451）84270514
经　　销：全国新华书店
制　　版：姚天麒
印　　刷：三河市兴博印务有限公司
开　　本：710mm × 1000mm　1/16
印　　张：10
字　　数：124 千字
版　　次：2025 年 3 月第 1 版
印　　次：2025 年 3 月第 1 次印刷
书　　号：ISBN 978-7-5755-0969-5
定　　价：59.00

前言

在当今这个飞速发展的社会里，每个人心中都怀揣着对财富自由的渴望，梦想着有朝一日能摆脱传统束缚，告别“搬砖”式的生活方式，迎接更加宽广与精彩的人生舞台。本书便是为渴望改变现状、追求财务自由与生活质量提升的你精心准备的指南。

首先，我们从思维的革新谈起。要想实现生活方式的转变，首要任务是打破陈旧的金钱观念，学会将时间视为最宝贵的资源，通过不断学习和自我提升，明确并实施具体可行的目标。此外，培养一种积极向上的财富心态，学会在挑战面前保持乐观，从失败中汲取教训，不断前进，然后再通过转变消费习惯，将支出转化为投资的方式，为财富的增长奠定基础。

紧接着，便是要提升自己的技能。不论是将个人爱好转变为收入来源，还是勇敢迈出创业的第一步，掌握有效的营销与品牌建设策略，将想法成功变现，都是不可或缺的能力。而在数字时代，快速学习新技能，构建强有力的个人品牌，对于增强竞争力至关重要。

当理论知识积累到一定程度，便要进入实战经验了。我们要了解网络赚钱的秘诀，然后构建稳定的客户关系网，并且要学会有效整合资源，掌握谈判桌上的艺术，以及学会聪明投资，管理好个人财务。

最后，别忘了，真正的财富不仅仅是金钱的积累，还包括个人的全面发展与生活质量的提升。要学会团队合作，拥抱终身学习的理念，保持健康的生活方式，了解必要的法律知识以保护自己的权益，利用数字营销拓展业务，以及保持创新思维，适应未来的趋势。

这一系列的转变和提升，不仅是为了摆脱所谓的“搬砖”生活，更是为了开启一个充满无限可能的新世界。无论您处于人生的哪个阶段，只要勇于改变、勤于学习、善于实践，都能够逐步迈向财务自由，享受更加丰富多彩的生活。

目 录

第 1 篇　思维革新，开启财富之门

第 2 篇　技能升级，打造赚钱机器

第 3 篇　实战赚钱，步步为赢

第 4 篇　持续成长，享受生活

第1篇

思维革新，开启财富之门

思维革新是开启财富之门的关键。在财富快速变化的时代，我们需要跳出传统思维，拥抱变化，勇于尝试，不断学习新知识，反思自己的思维模式，不断接受新思想，优化自己的行动。同时，培养积极的财富心态，从消费到投资，让每一分投入都为未来的财富增长铺路。这样，我们就能逐步开启通往财富自由的大门。

第一堂课
财富新视角——打破你的金钱观

金钱观的转变是实现财务自由的起点。我们通常将金钱视为工作所得，但这种观念限制了我们对金钱潜在价值的认识。金钱不仅是交换的媒介，更是投资和增值的工具。理解并接受这一点，我们就能开始探索如何让金钱为我们工作，而不仅仅是我们为金钱工作。这种转变意味着我们需要从传统的工资收入模式中摆脱出来，开始思考如何通过投资或者其他方式来获取被动收入，如何通过资本运作来实现财富的增长。这不仅要求我们具备一定的财务知识，更需要我们具备长远的规划能力和持续的学习意愿。

在相邻的两座山中，分别有两座庙宇，庙宇里住着两位名叫慧能和空见的和尚。山中没有水源，他们每天必须走很远的路到山间的小溪去挑水，因此常常在挑水的路上相遇，久而久之，他们就成了好朋友。

有一天，慧能没有看到空见。起初他不以为意，但随着日子一天天过去，空见依旧没有出现，慧能有些担心，他爬上了空见所在的山，想看一看究竟。

当他到达空见的庙宇时，发现空见

正躺在竹椅上，看起来既健康又悠闲。慧能惊讶地问：“空见，你已经很久没有去挑水了，难道你不喝水吗？”空见微笑着，领着慧能走到后院，那里有一口新挖的井，井水清澈见底。

空见解释说：“这五年来，我每天挑完水，都会利用剩余的时间挖井。现在，井终于挖好了，我再也不需要每天下山挑水，节省下来的时间可以用来冥想、读书和做我喜欢做的事情。”

慧能听后摇头说：“五年挖一口井，我可不愿意花费那么多时间去挖井，我宁愿每天挑水。”空见只是微笑着，没有反驳。

工资思维让我们依赖于固定收入，而财富思维鼓励我们寻找被动收入。通过投资和理财，我们可以创造额外的收入来源，从而减少对工资的依赖。这种思维的转变要求我们拓宽视野，学习新的技能和策略，以实现财务上的多元化。

要实现从工资思维到财富思维的转变，我们就需要学习如何评估风险、进行投资决策和管理财务。这不仅包括了解股票、债券、基金等不同投资工具的特点，还包括掌握如何平衡投资组合，以分散风险并追求最大化收益。除了投资，创业和开展副业也是实现财务增长的有效途径。创业可以带来潜在的高回报，但同时伴随着高风险，因此需要对市场进行深入研究，并制订周密的商业计划。副业则可以作为一种收入补充，增加财务安全感。无论是创业还是副业，都需要我们投入时间和精力，以及不断学习新技能。

一个农夫每天都辛勤地劳作，种植庄稼，依靠出售庄稼的收入维持生活。随着时间的流逝，农夫发现，尽管他每天工作非常努力，但他的收入并没有明显增长。

一天，农夫遇到了一位智者，智者告诉他："你的土地不仅可以用来种植庄稼，还可以种植果树。果树需要几年时间才能成熟，但一旦它们开始结果，你将获得持续的收益，而不必每年重新种植。"

农夫听从了智者的建议，决定在土地上种植果树。起初，他必须学习如何照料果树，这需要投入时间和精力，但他坚持了下来。几年后，果树长成开始结出果实，农夫发现他的收入开始稳步增长，即使在非收获季节，他也能通过出售水果获得收入，慢慢地，他了解了何时是销售水果的最佳时机，还发现了制作果酱和果干的方法，这使他能够全年销售产品，即使在水果淡季也能获得收入。

最终，农夫不再依赖每日的劳作来赚取微薄的收入，而是建立了一个多元化的收入来源，包括水果销售、果酱和果干制作。

构建一个持续增长的财务体系，还需要我们培养对市场动态的敏感性，及时了解经济发展趋势和政策变化，以便能够灵活调整投资策略，应对经济环境的波动。通过不断学习和实践，我们可以逐步建立起一个稳健而灵活的财务结构，为实现财务自由打下坚实的基础。

在追求财务自由的道路上，有效管理个人财务是至关重要的一环。这不仅包括制订并遵守预算计划，还包括对个人支出的监控和控制，确保每一笔开销都符合我们设定的财务目标。通过精明的财务规划，我们可以确保有足够的资金用于投资，同时建立紧急基金以应对不可预见的支出，如医疗紧急情况或失业。

通过这些措施，我们不仅能够更好地管理当前的财务状况，还能为未来的财务安全打下坚实的基础。这样，无论遇到什么经济波动，我们都能够保持财务的稳定和自由，继续朝着财务自由的目标前进。

北宋文坛巨匠苏轼，因其才华横溢而闻名于世，却也因直言进谏而遭遇贬谪。他在黄州任团练副使期间，因俸禄锐减，生活变得拮据，

经济压力十分大。

面对这一变故，苏轼采取了一种独特的家庭经济管理方式。他将每月的俸禄平均分成三十份，用绳子穿过铜钱，挂在房梁之上。每日清晨，苏轼便用一根长叉，挑下一日所需，剩余的则妥为保存，以备不时之需。这种方法既保证了日常生活的基本需求，又有效避免了无谓的开支，同时为家中突发状况留出了余地。

除了控制开支，苏轼还带领家人在城东的荒地上开垦耕种。他亲自下田，与泥土为伴，种下希望的种子。通过辛勤劳作，苏轼不仅增加了家庭收入，也为自己和家人提供了更为稳定的生活来源。

苏轼的这些举措，虽出于生计所迫，但却体现了一种朴素的理财哲学：量入为出，勤俭持家。苏轼不仅以诗词留名，更以其对生活的态度和智慧，为后人提供了宝贵的启示。

此外，我们需要理性消费，避免不必要的开支，优先考虑投资自我发展和教育，这将带来长期的回报。通过持续学习，我们可以提高自己的技能和知识，增加收入潜力。同时，建立一个积极的社交网络，不仅可以为我们提供支持和鼓励，还可以帮助我们发现新的机遇。通过综合的努力，我们可以逐步构建起一个坚实的财务基础，最终实现财务自由，享受更加自由和充实的生活。

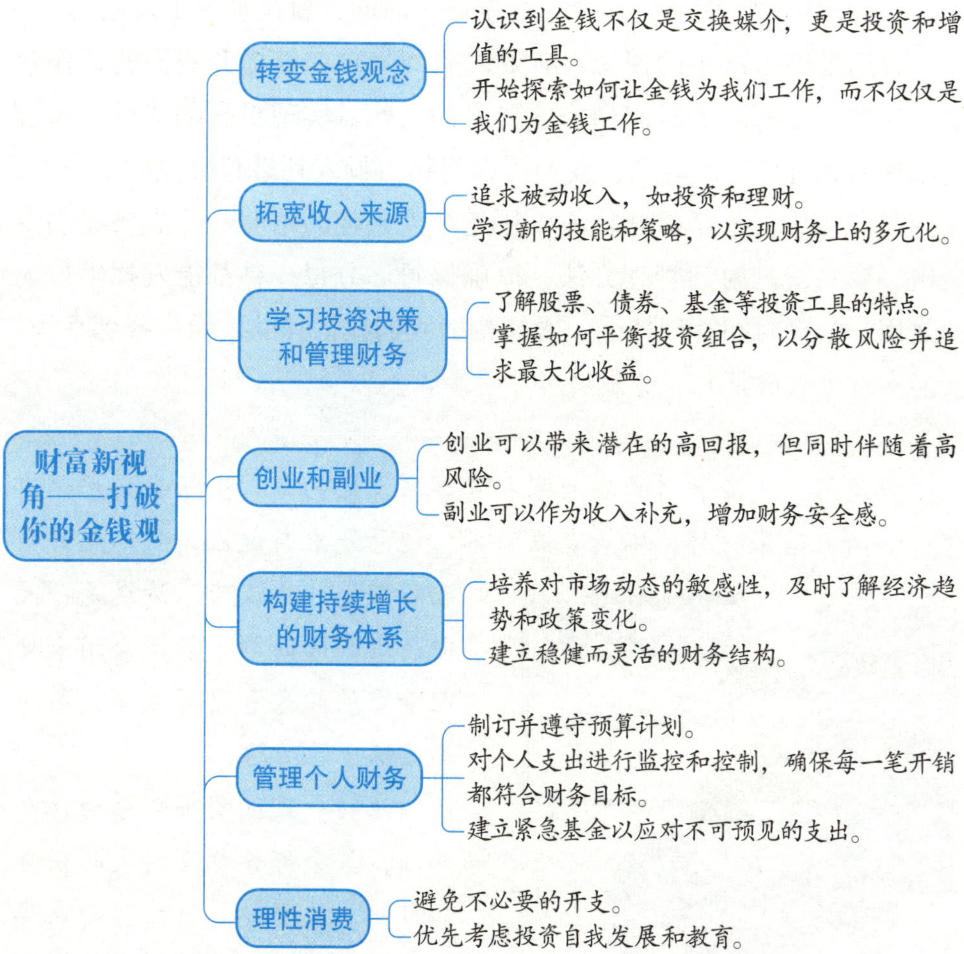

第二堂课
时间就是一切——掌握时间，掌握命运

在财富积累的多元化途径中，掌握了时间，就是掌握了命运。

时间是不可再生的资源。有效的时间管理能够提升我们的工作效率，让我们在有限的时间内完成更多的工作，实现更高的成就。通过精心规划和合理分配时间，我们可以将精力投入到最有价值的事务上，无论是职业发展、学习新技能，还是个人兴趣的培养。这需要我们发展出一套系统的时间管理方法，以确保每一分每一秒都能发挥出最大的效用。学会时间管理技能，既能帮助我们在忙碌的生活中找到平衡，又能实现个人成长和职业发展。

曾国藩，晚清著名的政治家和军事家，他的日常生活安排严谨有序，如同他治军一样。不管春夏秋冬，他总是准时起床，从不允许自己睡懒觉。他认为，清晨是一天中最清醒的时刻，最适合用来处理繁重的政务和思考战略，解决那些棘手的问题。

他的一天被明确划分为几个部分，每个部分都有固定的任务和目标。他坚持写日记，会在日记中记录一天的所见所感，反思自己的所作所为，为第二天的工

作做出规划。即使在军旅之中，他也不忘在夜晚的帐篷里点燃油灯，翻阅书籍，或是静下心来撰写日记。

到了晚上，当其他人都已进入梦乡，曾国藩却仍在书房里忙碌。他会利用这段时间总结一天的工作，为每天的事务做好安排。他的自律和对时间的尊重，让他在繁忙公务之余，还能保持学术研究和文学创作。曾国藩的时间管理之道，让他在政治、军事和学术等多个领域都取得了卓越的成就，成为后人学习的典范。

时间管理的核心在于目标设定和优先级排序。明确的目标为我们的行动提供方向，而合理的优先级排序则确保我们的时间和精力得到最有效的利用。通过区分任务的紧急性和重要性，我们可以优化日常安排，确保关键任务得到优先执行。

要成为时间的主人，我们就必须学会规划。首先，我们要设定清晰、可实现的短期目标和长期目标，并为实现这些目标制订详细的计划。其次，将大目标分解为一系列小步骤，并为每个步骤分配合适的时间。同时，我们还需要学会使用各种工具，如待办事项列表、日历应用或时间跟踪软件，来帮助我们更好地组织和监控时间的使用。这些工具可以提高我们的组织能力，减少遗漏和延误，让我们的每一步都坚实而有力。通过持续的规划和反思，我们可以确保时间得到高效利用，从而更快地实现我们的目标。

钟南山院士，中国著名的呼吸疾病专家，在COVID-19疫情期间，他的工作和日程安排成了公众关注的焦点。

在疫情最严峻的时期，钟南山院士的日程被安排得非常紧凑。他不仅要参与重要的会议和研讨，还要亲自指导临床治疗和科研工作。据报道，他的日程表上密密麻麻地记录了从早到晚的各项任务，每一项任务都关系到疫情的防控和病患的救治。

钟南山院士的时间管理策略体现在他对任务的优先级排序上。他区分了紧急任务，如参加紧急会议和远程会诊，以及重要任务，如研究病毒特性和制定治疗方案。他通过精确的时间规划，确保了关键任务得到优先执行，同时保证了能够迅速响应突发事件。

此外，钟南山院士还展示了如何使用时间管理工具来提高效率。他的日程表就是他管理时间的重要工具，帮助他跟踪每天的安排和进度。通过这种方式，他能够确保时间被用在推动目标前进的活动上，同时能够及时调整计划以适应不断变化的情况。

此外，我们要学会对众多的任务做优先级排序，区分哪些任务是紧急的，哪些任务是重要的。紧急任务通常需要立即处理，而重要任务则对实现我们的长期目标至关重要。因此，我们需要具备判断力和自制力，避免被次要的任务分散注意力。

在实际操作中，我们可以通过一些简单的策略来优化我们的优先级排序。例如，我们可以每天列出最重要的三件事，并在一天结束前完成它们，这种方法即是“三件事法则”，它能帮助我们集中精力解决最关键的问题。此外，我们还要学会说“不”，避免接受那些与我们的长期目标不一致的额外任务，以保护我们的时间不被浪费。通过这些实践，我们可以令每一分钟都被用在推动我们向目标前进的活动上。同时，我们还需要定期回顾和调整我们的目标和计划，以确保它们仍然符合我们的长期愿景和当前的实际情况。

李华是一位忙碌的职场人士，他总是在各种任务和会议之间奔波，感到时间非常紧迫。为了更高效地利用时间，他开始实践一个简单的原则：每天只专注于完成三件最重要的事情。

一天早晨，李华列出了他的“三件事”清单。第一件事是完成一个关键的项目报告，第二件事是回复所有紧急的客户邮件，第三件事是为下周的团队会议做准备。他决定，除非遇到不可预见的紧急情况，否则他不会允许其他任务分散他的注意力。

当他坐下来开始工作时，一个同事

请求他帮忙处理一个不那么重要的任务。李华看了看他的清单，意识到如果接受了这个请求，他将无法完成自己的优先事项。因此，他礼貌地向同事解释了自己的原则，并建议他寻找其他解决方案。

那天结束时，李华成功地在自己设定的时间内完成了他的三项任务。不仅避免了浪费时间，还提高了自己的工作效率。这种方法帮助他在职业上取得了更大的成就，同时让他有更多的个人时间去做其他事。

时间管理是掌控命运的关键，通过学习和实践时间管理技巧，我们可以逐步提高个人工作力，更有效地实现个人目标。这不仅能帮助我们在职业上取得成功，也能让我们有更多的时间来享受生活，与家人和朋友共度美好时光。所以，从今天开始，让我们学会管理时间，成为时间的主人，开始掌握自己的生活，驾驭自己的命运，开启通往成功和幸福的大门，实现自己的梦想和抱负。

- **时间就是一切——掌握时间，掌握命运**
  - **时间管理的重要性**
    - 时间是不可再生的资源。
    - 有效的时间管理能提升工作效率，实现更高的成就。
    - 要精心规划和合理分配时间，将精力投入最有价值的事务上。
    - 发展出一套系统的时间管理方法。
  - **时间管理的核心**
    - 目标设定和优先级排序。
    - 区分任务的紧急性和重要性。
    - 优化日常安排，确保关键任务得到优先执行。
  - **如何成为时间的主人**
    - 设定一个或多个清晰、可实现的短期和长期目标。
    - 将大目标分解为一系列小步骤，并为每个步骤分配合适的时间。
    - 学会使用各种工具，如待办事项列表、日历应用或时间跟踪软件。
  - **如何做优先级排序**
    - 区分哪些任务是紧急的，哪些是任务重要的。
    - 避免被不重要的任务分散注意力。
    - 每天列出最重要的三件事，并在一天结束前完成它们。
    - 学会说“不”，避免接受那些与我们的长期目标不一致的额外任务。

第三堂课
自我投资的艺术——学习，让自己更值钱

在追求财务自由的道路上，我们需要将有限的时间和金钱，有策略地分配到能够带来长期收益的个人成长领域，不断地汲取新知识、掌握新技能，以适应日新月异的经济形势和职场挑战，这便是自我投资。通过自我投资，我们不仅能够维持并增强自身在职场的竞争力，还能探索更广阔的收入渠道，甚至有机会进行职业生涯的转型，进入那些充满活力和前景的新领域。因此，我们要具备前瞻性的视野，以及对个人职业路径深刻的洞察力，精准识别那些对个人成长至关重要的领域，然后集中资源，有的放矢地进行投资。

西汉后期丞相、经学家匡衡，自幼喜欢读书，十分好学，但因为家族世代务农，家境并不富裕，匡衡不得不靠替人帮工以获取读书的费用。买不起灯油，匡衡晚上便借助邻居家的光线，通过墙上凿的小洞继续他的学习。

匡衡学习了法律和经济，他最擅长的是经学，即对《诗经》研读极深，当时儒学之士曾传有“无说《诗》，匡鼎来。匡说

《诗》，解人颐”之语。根据汉朝的规定，博士弟子只需精通“六经”中的一种，就有机会通过考试获得官职。考试分为甲、乙、丙三科，甲科者可成为郎中，乙科者成为太子舍人，丙科者则补为文学掌故。然而匡衡历经九次考试，才中了丙科，被补为太原郡的文学卒史。

但因为匡衡对《诗经》的深刻理解赢得了当时经学家的推崇，所以，尽管考试成绩并非最高，但是他的知识与才华依然得到了当时身为太子的元帝的认可与青睐。匡衡的故事展现了个人通过不懈努力和持续学习，可以超越出身限制，实现自我价值的可能性。

为了有效地进行自我投资，我们需要明确学习的方向。这就需要我们对当前职业路径的深入分析，或者需要我们对新兴市场趋势的洞察。一旦确定了方向，就应该寻找最佳的学习资源，可以选择在线课程、专业书籍或者行业研讨会。

方向及学习资源确定后，便要制定具体和可量化的目标，例如掌握一门新语言、学会特定的编程技能或获得专业资格认证。接下来，就要合理规划学习时间，将学习计划分解为可管理的任务和阶段，确保每个阶段都有明确的里程碑和完成时限。

此外，我们要设定好预期成果。例如，完成一个项目、通过一次考试或在工作中应用新学的技能。在学习过程中，我们还要培养成长型心态，要相信自己的能力是可以通过努力来提高的，每次失败都是一次学习和成长的机会。以这种心态鼓励我们不断挑战自我，走出舒适区，接受新的挑战。

李峰是一名普通的会计，他的工作虽然非常稳定，但他内心渴望能够有更广阔的职业发展，最好能增加些额外的收入。但就目前的他来说，要实现这一目标，就必须要掌握一些新的知识和新的技能才可以。

于是，他开始利用晚上和周末的时间，报名参加了各种在线课程，从财务分析到数据科学，再到编程语言。同时，他还制订了详细的学习计划，每天至少投入两个小时进行自学，并且每周回顾学习成果。

过了半年，李峰不仅在会计领域内的知识越来越深厚，还学会了如何运用数据分析工具来优化财务报告。他开始在工作中尝试应用这些新技能，大大提高了工作效率。

此外，李峰还开始撰写专业博文，分享自己的学习心得和行业见解。他的内容逐渐吸引了一定的关注，甚至有了稿费。

一年后，李峰通过自学获得的技能使他在职场上获得了晋升的机会，他的收入也有了显著提升。同时，他的兼职写作也为他带来了额外的收入来源。

在自我投资的过程中，定期的自我评估和反馈是不可或缺的。自我评估可以通过模拟测试、实际应用或是同行评审来进行。通过这些方法，我们可以确保学习成果与职业目标保持一致，并及时调整学习策略。

除了专注于硬技能的提升，软技能的培养同样重要。在当今多元化的工作环境中，沟通能力能够帮助我们更清晰地表达想法，更有效地理解他人，从而促进团队的合作和协作；团队合作技能则让我们能够在多元化的团队中发挥协同效应，共同实现目标；领导力的培养，不仅能够提升我们的影响力，还能在我们承担更多责任的同时为我们提供支持。此外，解决问题的能力使我们能够创造性地思考，找到有效的解决方案。

这些软技能令我们在职场中更具吸引力，也让我们更好地管理人际关系，提高工作效率，进而提升整体的生活质量。

张超在技术部门工作，其出色的专业技能深得大家认可，在技术

会议上，张超也积极发言，并且思路十分敏捷，让人特别佩服。但他有个小毛病，就是不愿意倾听同事的不同意见，对他人的想法常常持嘲讽态度。此外，张超在团队项目中喜欢独立作战，不善于与同事合作，这导致他和同事间的关系十分紧张。

张超的直属上司注意到了张超的问题，并与他进行了一次深入的谈话。指出一个优秀的团队成员不仅需要专业技能，还需要良好的沟通能力和团队合作精神。他鼓励张超改变自己的行为，学会倾听和尊重他人的意见，并在团队中发挥协作精神。

张超接受了领导的建议，他开始更加注意自己的言行，努力与同事建立良好的沟通和合作关系。慢慢地，张超在团队中的合作能力有了显著提升，他不仅在技术上有所贡献，还帮助团队更好地协调和解决问题，成为团队中不可或缺的协调者。

几年后，小张因其技术专长和出色的团队合作能力被提升为技术总监。

自我投资是一个长期的过程，我们要持续地投入时间和努力，不断地提升自己的能力和价值。每一次学习都是对未来的投资，这些投资会在提高我们的收入潜力、职业选择的灵活性以及生活质量上得到回报。通过持续的学习和成长，我们不仅能够打造一个更加充实的职业生涯，还能够逐步实现经济上的独立和自由，最终告别仅为生计而工作的日子。

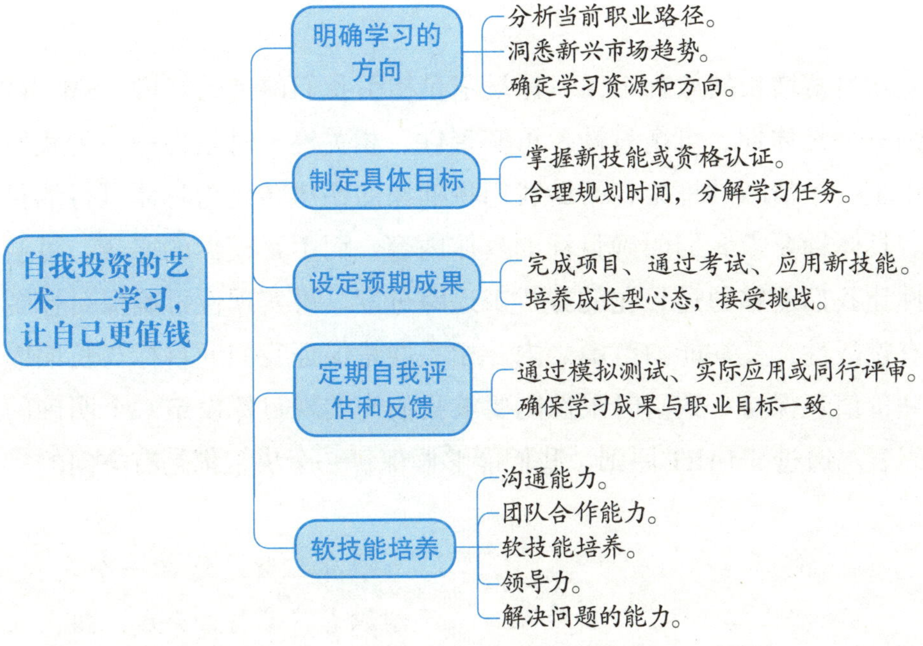

第四堂课
目标设定的智慧——SMART原则，让你的目标更具体

在财富增长的旅程中，目标设定是指引我们前进的灯塔。SMART原则——具体性、可衡量性、可实现性、相关性、时限性——为我们提供了一个清晰的框架，帮助我们将抽象的愿望转化为具体可行的目标。具体性要求我们明确目标的具体内容，而不是模糊的愿景。可衡量性让我们能够通过量化的方式来追踪进度。可实现性可确保目标既具有挑战性，又在能力范围之内。相关性是保证我们的目标与长期愿景和价值观保持一致。时限性则要求我们为实现目标设定一个明确的时间表。通过 SMART 原则，我们能够确保每一个决策都是有方向的。

有人做过这么一个实验，组织者将参与者分成三组，让他们分别步行前往十公里外的一个村子。第一组成员没有被告知目的地的具体信息，只知道跟随向导前进。第二组的成员知道目的地的名称和总距离，但路上没有明确的指示。第三组的成员不仅知道目的地

和距离，而且沿途每公里都设有一个里程碑。

随着出发的指令下达，三组人开始了他们的旅程。第一组有些迷茫，不时地询问向导还有多远，但得到的答复总是“快了”。第二组虽然知道大致方向，但缺乏具体的里程碑让他们难以判断自己的位置和进度。相比之下，第三组非常从容。每经过一个里程碑，他们都能清晰地知道自己已经走了多远，还剩下多少路程，从而调整自己的速度。

几个小时后，第三组的成员以最短的时间到达了目的地。而其他两组的成员，花费了很长的时间才到达目的地。

这个实验展示了无论是在日常生活中，还是在追求财富自由的旅程中，SMART 原则都能为我们提供清晰的方向和有效的进度监控。

目标设定之后，关键在于如何追踪进度。为此，我们需要一系列技巧和工具来监控目标的施行情况，这包括但不限于定期的自我检查、使用进度条或图表来可视化进度，以及利用数字化工具进行自动化

追踪。

首先，让我们深入探讨如何制定短期和长期目标。短期目标通常是实现长期目标的步骤，它们更加具体，并且可以在较短的时间内完成。制定短期目标时，我们应该问自己几个关键问题：这个目标是否有助于我实现长期愿景？它是否具有可操作性，即我是否能够立即采取行动？它是否足够具体，以至于我能够清晰地知道何时达成目标？长期目标则需要我们进行更深入地思考，包括个人价值观、愿景以及对成功的定义。长期目标应该足够宏大，以激励我们不断前进，同时要足够灵活，以适应不断变化的环境和情况。

赵婷是一位全职的营销专员，每个月的工资并不高，年终时，她被评为优秀员工，获得了一笔专项奖金，但依然不足以支撑她的家庭开销，因此，她便想在工作之余，开拓一下其他收入，思来想去，最终确定了方向。

首先，赵婷设定了她的长期财富目标：在五年内建立一个被动收入流，以补充她的工资收入。为了实现这个目标，她开始制定短期目

标，包括学习投资知识、开始小规模投资，以及创建一个副业。

她的短期目标具体而明确：第一，完成一个在线投资课程；第二，每月投资一定金额的股票，以及利用她的营销技能为客户提供咨询服务。

她每周记录自己的学习和投资活动，每月进行一次复盘，评估自己的投资回报率和副业的进展。几个月后，她的投资开始产生小额的回报，她的副业也逐渐获得了客户的认可。

随着时间的推移，赵婷不仅在职场上取得了成功，她的投资和副业也逐渐成为她收入的重要组成部分。

在追踪目标时，我们需要定期停下来，评估自己是否仍在正确的轨道上。自我检查可以通过简单的日记记录、每周或每月的复盘会议，或者使用专门的自我评估工具来完成。这个过程不仅帮助我们确认目标的进展，也是自我反思和学习的机会。

除了自我检查，使用可视化工具也是监控进度的有效方法。进度条、图表和图形可以直观地展示我们距离目标还有多远。这些工具不仅提供了视觉上的激励，还可以帮助我们识别可能的障碍和需要改进的地方。例如，如果进度条显示我们落后于计划，那么我们可能需要重新评估我们的策略或调整我们的工作量。同样，如果图表显示我们在某些领域取得了意想不到的进展，那么我们可以考虑将这些领域的策略应用到其他领域。通过这种方式，我们能更灵活地应对变化，更有效地实现目标。

李娜是一位忙碌的职场女性，最近，她总是觉得精神很疲惫，去看过医生后，医生建议她要注意身体健康，不要只工作不运动，于是，她决定通过锻炼来提高自己身体的健康水平。为了达到这个目标，她制订了一个健身计划，并将工作中常用的SMART 原则用来确保计划的清晰性和可行性。

首先，她设定了一个具体的目标：三个月内，每周至少进行三次有氧运动和两次力量训练。她知道这个目标是可衡量的，因为她可以通过锻炼的次数和每次锻炼的持续时间来跟踪进度。

为了确保目标的可达成性，她选择了适合的运动项目，并且设定了一个明确的时间框架，将自己的目标与身体的长期健康远景连接起来。

其次，为了更好地监控进度，她使用了一款健身应用程序，该应用程序提供了进度条和图表来可视化她的锻炼进度。每次锻炼后，她都会更新应用程序，应用程序随即显示她的进度条向前移动，图表上也反映出她的锻炼频率，三个月后，她成功地达到了健身目标。

通过 SMART 原则，我们能够确保目标的清晰性和可行性，同时，

定期的自我检查、可视化工具和数字化应用的运用，为我们提供了持续监控和适时调整策略的有效手段。这些方法的结合，不仅增强了我们对目标进展的掌控，也提高了我们应对变化和挑战的能力。最终，这种综合的目标设定与追踪方法，将引导我们更稳健地迈向个人成长和职业发展的道路。

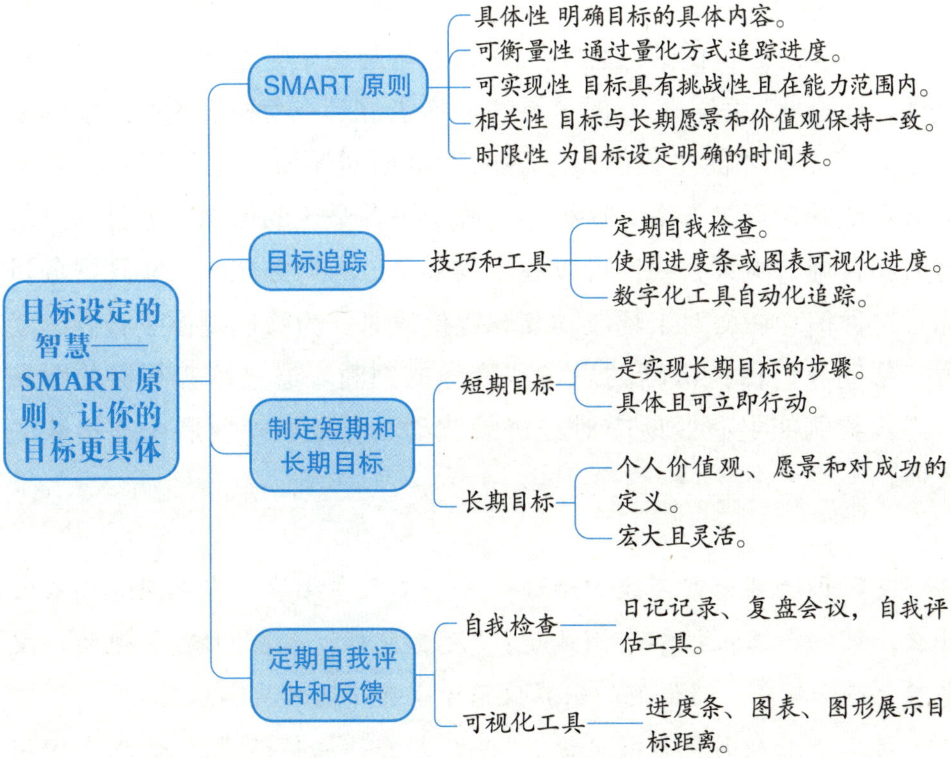

第五堂课
心态决定成败——培养积极的财富心态

在追求财务自由的过程中，我们不可避免地会遇到不确定性和挑战性，而在此期间，心态的重要性不容忽视。一个积极的心态能够激发个人潜力，并促使我们以乐观的态度面对困难，让我们在逆境中创造性地寻找解决方案。这种心态源于一种坚定的信念：通过持续的努力和合理的决策，我们可以逐步改善自己的财务状况，实现财务目标。这种信念在面对市场波动和职业挑战时，为我们提供了必要的动力，帮助我们保持清晰的思考和冷静的判断。通过培养积极的财富心态，我们能更有效地应对经济的波动，并在职业发展中捕捉新的机遇。

有则小故事大家可能都看过：三个工人在砌墙，有人问他们在做什么。第一个工人很不耐烦地说："没看见吗？我在砌墙。"他的话里充满无奈和疲惫，好像他的世界仅限于手底下的砖块和水泥。

第二个工人则带着微笑说："我们在盖一栋高楼。"他的眼中闪烁着光芒，好像已经看到了这座建筑完成后的宏伟模样。

第三个人则边干活边哼着小曲，愉快地回答说："我们正在建设一座新城市。"他的心态最为积极，他看到的是自己经过努力所带来的广阔前景和无限可能。

十年后，这三个工人的命运也截然不同。第一个工人依然在砌墙，他的技术和工作态度依然没有太大变化，过着日复一日的重复生活。第二个工人通过不断学习和努力，成为一名工程师，设计出了很多坚固和美观的建筑。而第三个工人，凭借他的远见卓识和积极的心态，最终成为一家建筑公司的老板。

这个故事告诉我们，积极的心态能够激发我们的潜力，帮助我们实现个人的成长和发展。

积极心态的形成并非一朝一夕，我们可以通过每日的感恩练习，

培养对生活中积极方面的感知和欣赏；通过正念冥想保持当下的专注，减少无谓的焦虑和压力；通过自我肯定的练习能够加强对自身能力的信心，为行动提供坚实的内在支持。

挫折和失败并不是偶尔发生的，而是时时刻刻都存在的。尽管这些经历可能让人感到沮丧，但实际上，这是一种无形的资产，为我们提供了学习和进步的机会，关键在于我们如何认识这些挫折，并将它们转化为积极的动力。拥有坚韧心态的人，会将失败视为暂时的停顿，而非终点。他们会采取积极的措施，从失败中吸取教训，而不是沉溺于失败之中。面对失败，我们首先必须接受这一现实，然后分析失败的原因。这种反思过程不仅能够帮助我们理解过去的错误，而且为我们指明了未来行动的方向。

三国时期，诸葛亮的北伐之战是一段传奇。但街亭的失守对诸葛亮而言，却是一次沉重的打击。

据史书记载，马谡自告奋勇守卫街亭，他到达街亭后，未按照诸葛亮的指示部署，他选择在山上扎营，而非固守城池。魏将张郃趁机切断了马谡的水源，导致蜀军大败。消息传回，诸葛亮面色凝重，失去街亭的后果对北伐十分严重。

在军帐中，诸葛亮做出了艰难的决定。为了维护军纪，他下令将马谡依军法处置。这个决定对诸葛亮来说是非常痛苦的。马谡不仅是他的部下，也是他的朋友。但诸葛亮知道，作为军师，他必须以军法为重。

尽管遭受了失败的打击，但是诸葛亮并未放弃北伐的计划。他继续筹划，更加注重军事调度和士兵训练，令他们忘却失败之事，力求在下一次战斗中取得胜利。

北伐之路充满艰难险阻，但诸葛亮始终坚持不懈，五次北伐中，虽然未获得最终胜利，但其中四次都大有收获，给了魏国沉重的打击，巩固了蜀汉的疆土。

在挫折面前，我们要保持冷静，避免情绪化的决策，同时积极寻求解决问题的方法。建立一个支持系统，包括家人、朋友或导师，可以在我们遇到困难时提供必要的支持和鼓励。他们的理解和支持能够帮助我们更快地从挫折中站起来，继续前进。

积极心态还体现在对未来的信心上。无论当前的经济形势如何不利，或个人的财务状况怎样不尽如人意，保持信心，相信自己有能力逐步改善并最终扭转局面。这种信心是我们在逆境中寻找解决方案、持续前进的动力源泉，为了维持这种信心，我们可以设定一系列切实可行的小目标，每达成一个小目标，就庆祝一次。这样的小胜利能够积累成大胜利，每一次的进步都是对自身能力的肯定，也是对未来成功的有力证明。这样的正向反馈循环能够不断增强我们的自信心，还能鼓励我们坚持不懈地迈向更加宏伟的财务目标。

乔致庸出身于经商世家。早年，他的父母不幸双亡，由其兄长乔致广抚养成人。原本，乔致庸有望通过科举步入仕途，但他的兄长乔

致广因病早逝，家族生意顿时陷入危机。面对这突如其来的变故，年轻的乔致庸不得不放弃个人学业，挑起了家族商业的重担。他所面临的困境不仅是经营上的压力，更有如何在商界立足的挑战。

乔致庸接手家族生意时，正值社会动荡时期，商业环境复杂多变。他既要应对外部市场的激烈竞争，又要解决内部管理的诸多问题。在这样的背景下，乔致庸展现出了非凡的商业才能和坚定的决心。

他从包头的"复盛公"起步，逐渐将业务扩展到票号、钱庄等多个领域，并在全国多个省份设立商号。乔致庸的商业帝国在他的用心经营下逐渐壮大，成为清末民初商界的一个传奇。

乔致庸在逆境中未曾退缩，而是积极寻找机会并自我提升，努力振兴家业。他的成功不仅是财富的积累，更体现了个人面对困难时坚忍不拔的精神。

最终，积极心态既是一种选择，又是我们对生活和工作的态度。我们不仅可以选择专注于积极的事物，也可以选择让消极情绪主导我们的行为。通过不断练习和强化积极思维，我们可以逐渐改变我们的心态，使其成为实现财务自由和个人成长的有力工具。我们的心态决定了我们的行动，而我们的行动最终决定了我们的成败，通过培养和维持一个积极的心态，我们会为自己铺设一条通往成功的道路。

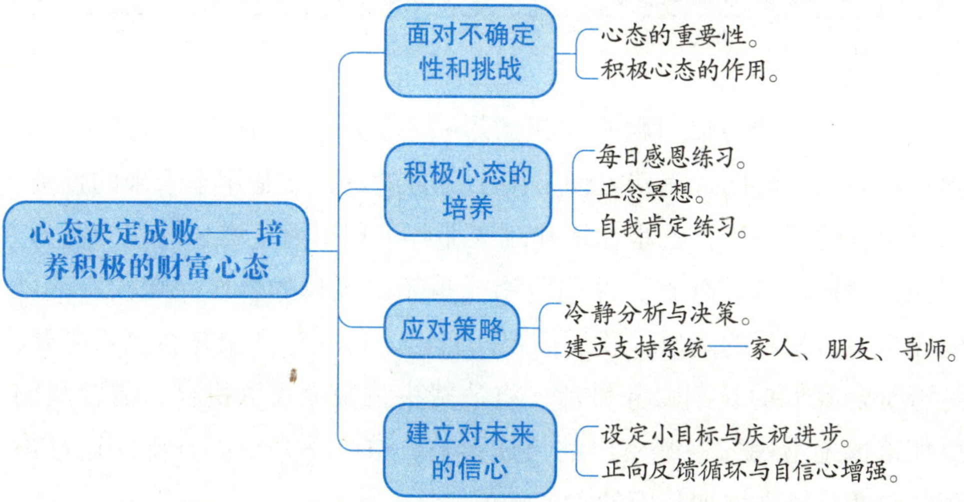

第六堂课
从消费到投资——转变你的消费习惯

我们的消费习惯对财富积累的影响不容小觑。消费习惯直接关系到我们的资金流向，消费习惯是用于即时满足，还是用于未来的投资。财富积累的第一步，就是杜绝和改变那些不利于财富增长的消费行为，例如，频繁的餐饮外食、冲动购物或是超出预算的奢侈品购买，都可能成为财富积累的障碍。我们需要问自己，每一笔支出是否真正必要，是否符合我们的长期财务目标。将消费决策视为投资机会，需要我们更加审慎地考虑每一笔支出的长远影响，减少不必要的开支，通过精明的消费选择来增加我们的资产价值。

新媒体从业者李明，大学时代对那些闪耀着光芒的品牌商品充满了渴望，但有限的生活费总是让他在橱窗前止步。

步入职场后，李明的收入有了显著提升，但他的消费习惯却悄然发生了变化。一次，他想购买某个大品牌的大黄靴，但是，当他看到心仪品牌的大黄靴价格标签时，他犹豫了，因为这笔开销将占据他当月预算的很大一部分。

不得已，李明开始上网搜索那些

设计相似但价格更亲民的“同款”产品。他惊喜地发现，这些产品不仅价格合适，而且质量和款式也能满足他的需求。这次购物让他有所改变，他觉得没必要在服装上消费过多，而应该将资金用在更值得的地方。

他开始关注各种优惠券和打折信息，通过“薅羊毛”来节省开支。他发现，即使是一些平价品牌，也能满足他的需求，并且价格更加亲民合理。李明的消费习惯逐渐从追求品牌转变为追求性价比，这不仅帮助他节省了资金，也为他未来的财富积累打下了基础。

要转变消费习惯，首先需要对个人财务状况有清晰的了解。这包括跟踪收支、识别消费模式，以及了解个人的财务目标。通过建立预算和坚持财务计划，我们可以更好地控制资金流向，确保每一分支出都有助于我们实现财务自由。

在每次消费之前，我们应当思考这笔支出是否与我们的长期财务目标相一致。例如，投资于教育和自我提升，可以被视为对个人能力和未来收入潜力的投资。在选择购买商品时，我们也应该考虑其长期价值，最好购买能够保值或增值的资产，而不是那些会迅速折旧的消费产品。

此外，投资思维让我们寻找能够产生被动收入的机会，如通过股息投资于稳定的股票、购买出租房产获取租金，或者开展能够产生持续现金流的副业。这些被动收入来源能够帮助我们在不持续工作的情况下，也能积累财富，进而向财务自由迈进。

战国时期的商业巨擘白圭，有“商祖”之称，《汉书》中说他是经营贸易发展生产的理论鼻祖。在那个以农业为主的时代，白圭主张根据丰收歉收的具体情况来实行“人弃我取，人取我与”的方法经商。

在收获季节，白圭会大量购入谷物，同时将丝绸、漆品等生活必需品卖给农民。到了年景不好或青黄不接之时，他则适时出售粮食，并购进滞销的手工业品。白圭的这种策略，既保证了自己能够取得经营的主动权，又能在市场低迷时以较低成本吸纳商品，待到市场回暖时再以合理价格出售，从而获得利润。

白圭始终保持着对市场供需变化的敏锐观察，以及精准地把握住各个时机。他从来不追求短期的暴利，而是通过长期稳健的经营，逐步积累财富。为此，他不仅为自己赢得了丰厚的回报，也因其公平交易和适时调节市场供需而获得了良好的声誉。

白圭的故事为后人提供了一种以价值投资为导向的理财思路，即使在今天，这种思路依然具有借鉴意义。

培养投资思维需要我们不断学习财务知识，了解不同的投资工具和策略。这些投资工具包括阅读财经书籍、参加财务规划课程，或是向财务顾问咨询。通过提升我们的财务素养，可以更明智地做出投资决策，规避常见的投资陷阱。

将消费习惯转变为投资思维，还要我们定期审视和重新评估我们的投资组合，识别那些不再符合我们财务目标的资产，并将它们重新分配到更具增值潜力的机会上。例如，将资金从低收益的储蓄账户转移到具有较高回报预期的资产类别，如成长型股票或价值型股票。同时，我们应密切关注市场趋势和个人财务状况的变化，以便及时调整投资策略，确保它们能够适应当前的经济环境和我们的长期目标。通过这种灵活且主动的资产管理方式，我们可以更有效地利用每一分资金，为实现财务自由这一目标提供坚实的支持。

清朝中期的商业巨擘伍秉鉴，以超前的理财策略和广泛的海外贸易而成为广州首富，他的商业帝国不仅覆盖了中国，还扩展到了遥远的美国。

在广州十三行的繁忙港口，伍秉鉴的商船队是最为壮观的。他在与外国商人的贸易中，不仅交易丝绸和瓷器，还大胆地将资金投向了美国的铁路债券和证券。这一举动在当时的中国商人中极为罕见，因为那是一个充满未知和风险的新领域。

伍秉鉴非常注重资金的流动

性，因此，他开设了多家银号。这些银号不仅为本地商人提供贷款，还吸引了外地商人前来交易，成为当时广州金融市场的重要组成部分。伍秉鉴的银号因其信誉良好而闻名，这为他的商业帝国提供了稳定的现金流。

除了金融业务，伍秉鉴以其敏锐的洞察力看到了房地产行业有着不可限量的利润，于是，他投资于广州的房地产市场，很快，他就在广州城中拥有了多处房产，这些房产既用于自己居住，也用于出租，为他带来了额外的租金收入。

从消费到投资的转变，是一个需要持续努力和自我提升的长期过程。这既是对财务决策的简单调整，也是对生活方式的选择和价值观念的塑造。通过不断地自我反思，我们可以识别并改变那些不利于财富积累的消费模式，培养出更加审慎和前瞻性的投资思维。这样的转变将引导我们逐渐摆脱不必要的财务负担，积累起更多的资产，为实现财务自由奠定坚实的基础。

从消费到投资——转变你的消费习惯

- **消费行为**
  - 避免不必要开销。
  - 审慎决策，将支出视为投资。
- **财务规划**
  - 了解个人财务状况。
  - 建立和遵守预算。
  - 资金流向控制。
- **投资思维**
  - 教育和自我提升。
  - 选择保值增值资产。
  - 寻找被动收入机会。
- **财务知识**
  - 学习投资工具和策略。
- **投资组合**
  - 定期审视和调整。
  - 适应市场和个人目标。

第 2 篇

技能升级，打造赚钱机器

知识转化为技能，技能转化为财富，财富的增长往往依靠技能的升级。磨炼技能是一个从无到有，从有到优，从优到精的过程，技能升级能直接促进财富增长，通过提升个人市场价值、增加收入潜力，开拓多元收入来源，适应经济变化，最终实现资产累积与财务自由的加速达成。

第七堂课
副业的力量——让爱好成为收入

将个人的兴趣爱好转化为副业，不仅能为生活增添乐趣与满足感，还能带来多方面的积极影响。首先，做自己热爱的事情可以激发更大的创造力和工作动力，使得自己在副业中的投入不单纯是为了经济回报，而是一种享受过程，这往往能促使人在无压力的状态下发挥出最佳水平。其次，这样的副业成为收入的补充来源，增强了经济安全感，尤其是在经济不稳定时期，多一份收入意味着多一份保障。再者，通过兴趣爱好与他人分享、交流，能够扩大社交圈，结识志同道合的朋友，甚至潜在的合作伙伴或客户，为个人发展铺设更宽广的道路。最后，长期而言，副业的成功可能为将来转型或创业打下坚实的基础。

李明是一名办公室文员，收入仅够维持基本生活。他觉得，只有通过提升自身技能，才能打破现状，于是他开始了自己的“技能升级之旅”。

他注意到数字化营销在当今商业中的重要性，决定以此作为突破口。他利用业余时间深入学习社交媒体营销和内容创作等技能，通过课程和实践项目不断充实自己。李明还加入了相关社群，与同行交流心得。

几个月后，李明不仅掌握了数字营销的核心技能，还在一次偶然的机会中，为一家小型企业免费提供咨询服务，成功帮助其产品在线上获得了巨大曝光，使企业销售额翻倍。这次经历成为他的转折点，口碑效应下，越来越多的企业找上门来寻求合作。

把兴趣爱好转化为副业，创造收入，提高生活质量，关键在于把兴趣爱好转化为专业技能并不断升级，单纯的喜欢不能成为副业的基础，一定要好而学，学以致用，而且既然是副业，还要兼顾主副之分，不能顾此失彼。

转化兴趣为副业，要脚踏实地一步一步来。首先，选定你真正热爱且有一定市场潜力的兴趣点，比如绘画、编程或烹饪。然后，深入学习和练习。

其次，从小项目做起，比如在业余时间接一些插画设计的小单，或是在家烹饪美食，通过朋友圈、微博尝试售卖，逐步积累客户和经验。记得设置清晰的工作与副业界限，比如晚上和周末专注副业，确保不影响白天的主业工作。

利用社交媒体平台免费推广，分享你的创作过程、成品或专业知识，吸引和关注潜在客户。

记住，初期可能收入有限，关键是持续输出价值，耐心积累，合理规划支出与储蓄，为副业的长期发展打下坚实基础。

李明是一位收入有限的上班族，他对摄影有着浓厚的兴趣。朋友们常夸赞他的作品有专业水准，建议他尝试将摄影作品放到线上平台出售。起初，李明犹豫不决，担心自己的爱好被商业化，会失去乐趣。然而，经过深思熟虑，他决定迈出这一步，将兴趣转化为副业探索一番。

李明开始精心挑选作品，上传到摄影爱好者聚集的网站，并开设了自己的社交媒体账号，开始分享摄影技巧和幕后故事。起初，关注者寥寥无几，但他没有气馁，坚持每周发布高质量的内容。渐渐地，凭借着独特的视角和精湛的技术，他的作品开始受到关注，一些照片甚至被杂志选用，获得了第一笔稿费。

随后，他还接受了一些商业拍摄的委托。几年下来，李明不仅实现了兴趣与收入的双赢，更重要的是，他在这个过程中找到了自我实现的价值感。他用自己的故事证明，只要勇于尝试，用心经营，兴趣真的可以成为生活的甜蜜增补，让人生更加丰富多彩。

我们对自己的兴趣是极其看中且珍惜的，往往是不愿意其被商业化的，这其实是一种认知障碍，兴趣意味着有更大的主观能动性去学习，去提升技能。而让兴趣变现，正是对自己技能的一种证明，也是对兴趣本身的一种尊重。

俗话说，马无夜草不肥，人无外财不富，外财即是副业。我们为了生活需要从事全职工作或许和自己的兴趣爱好并无关系，那全职工作之外的时间用来以兴趣为基础发展副业，则是快速积累财富的好途径。但是，不是所有的兴趣都可以成为副业的，比如一个临近退休的普通工人是一个军迷，一个初入职场的小白对天文学很感兴趣等，有很多因素制约着，所以把兴趣发展为副业的前提是认真审视，认清现实，从自己的若干个兴趣爱好中选择一个最适合成为副业的，切忌好高骛远，甚至影响到了主业，那种不切实际的贸然实施计划。

小张热爱烘焙，每当朋友聚会，他自制的蛋糕总能赢得一片好评。在朋友们的鼓励下，小张决定将这份爱好转变为副业，开一家线上蛋糕店。然而，小张过于乐观地估计了市场，他没有做细致的市场调研，便辞去了稳定的工作，全身心投入烘焙事业中。

他投入所有积蓄购买了顶级烘焙设备，并在未考虑物流成本和保质期限制的情况下，设计了一系列精致复杂的蛋糕款式。小张认为“酒香不怕巷子深”，没有制定明确的营销策略，只是简单在社交媒体上发了几条信息。

初期，凭借朋友的支持，订单还算可观，但很快订单量就急剧下滑。高昂的原料成本、复杂的制作工艺导致生产效率低下，加之物流配送中的损耗，让每单利润不值一提。而小张由于缺乏商业运营经验，面对这些问题束手无策，最终，这项原本满怀激情的副业变成了经济负担，迫使他不得不重新审视自己的决定，反思忽略了市场的实际需求和商业运营的复杂性。

平衡热情与现实考量是我们在追求财富的过程中的两个基本原则，罔顾现实，容易被他人的赞美之词冲昏头脑；过于冲动，会让兴趣成为主业的障碍。发展副业的第一原则是不要影响到主业，我们的目标是得到额外的财富，而不是失去本就属于我们的财富，如果兴趣爱好仅仅是因为喜欢，而不具备一定的专业知识和持之以恒的决心还有持续提升的行为，是不可以以此发展副业的。

在中国宋朝，有一名被唤作米芾的文人，自幼对书法有着浓厚的兴趣。米芾起初只视书法为闲暇消遣，但在不断地研习与创作中，他的技艺日益精进，逐渐萌生了将此爱好转化为更深远影响的想法。

米芾开始审慎地思考如何将书法之路走得更远。他首先回顾了自己的学习历程，意识到对古人碑帖的临摹虽是基础，但要想在书法界独树一帜，就必须要有自己的风格。因此，他决定深入研究前人之长，同时融入自己的理解与创新。

其次，米芾观察到当时社会对书法艺术的重视，无论是宫廷还是民间，书法作品皆备受推崇。他看到了自己的兴趣与市场需求之间的契合点，决定尝试以书法作品参与文化交流，甚至将书法作品赠予官员与贵族，以此扩大影响力。

米芾并未急于将书法完全作为谋生手段，而是在担任小官的同时，逐步提升自己的书法地位，最终成为北宋著名的“宋四家”之一，其书法作品《蜀素帖》等流传千古，对后世产生了深远的影响。

审视你的生活方式、经济状况和时间管理能力，判断这份爱好转化为副业后，是否能与现有生活和谐共存，不至于过度牺牲个人健康或家庭生活。

保持开放的心态，倾听周围人尤其是那些在相关领域有经验的人士的意见，他们的反馈能为你提供宝贵的视角。通过全面而深入的自我审视，你将更清晰地判断自己的兴趣爱好是否适合进一步探索和投资，是否适合作为丰富生活或是开辟副业的可能路径。

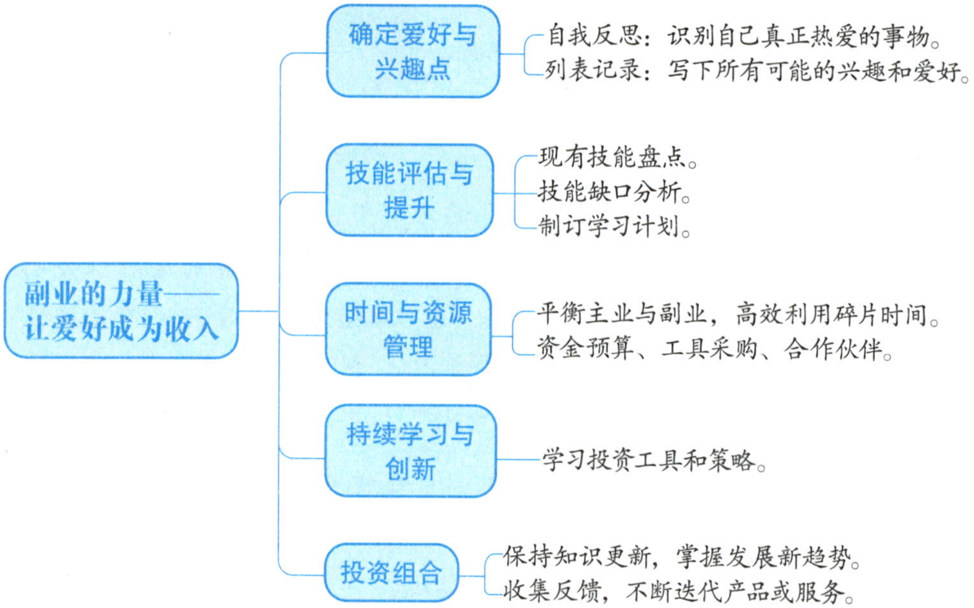

第八堂课
创业启航——从零到一的创业指南

几乎每一个人都有过创业的想法，但更多的人选择了职场搬砖。创业是一场充满未知与挑战的征途，风险与艰难并存。首要挑战源自市场的不确定性，需求多变，竞争对手林立，稍有不慎，产品或服务可能迅速被淘汰。资金链断裂如同“达摩克利斯之剑”，时刻悬顶，初期投资大，回报周期长，融资困难重重。团队建设与团队管理并非易事，找到志同道合又能力互补的伙伴难上加难，团队磨合与文化塑造耗时费力。政策法规环境变幻莫测，合规成本与风险需时刻警惕。创业不仅需洞察商机，更需坚韧不拔的意志与持续学习的毅力。

在明朝中叶，有一名商人名为沈万三，其创业之路颇为传奇。沈万三出身贫寒，早年以种植为生，但他目光敏锐，发现贸易流通中的商机。他决定放弃传统农耕，投身商业，这在当时被视为风险极大的选择。

起初，沈万三从贩卖农产品做起，勤俭节约，逐渐积累起小笔财富。随后，他大胆拓展业务范围，涉足丝绸、瓷器贸易，甚至海外贸易，这在当时不仅需要超前的眼界，还要克服海禁政策的限制和海上航行的高风险。

沈万三在苏州一带兴修水利，改善交通，促进了当地经济的繁荣，但也因此招致朝廷的猜忌。他出资辅助朱元璋修建南京城，本意是想为国家效力并提升商誉，却因财富过于显赫，被疑有不臣之心，最终遭受抄家流放的命运。

我们称颂白手起家最终富甲一方的巨擘，又会为其迅速衰落叹息，创业是财富从零到一的过程，更是心智从感性到理性的磨炼，是对财富的追逐，更是与权力的博弈，这也正是创业让人趋之若鹜的魅力所在。

在创业征途中，审时度势与回馈社会是企业持续成长的双翼。审时度势要求创业者紧跟时代步伐，敏锐洞察市场需求变化和技术趋势，灵活调整策略，把握稍纵即逝的商机。这不仅是关乎生存，更是推动创新、实现跨越发展的关键。而回馈社会则体现企业的责任感与长远眼光，通过公益行动、环保举措、支持社区发展等，不仅能提升品牌形象，还能构建良好的外部环境，促进社会与企业的和谐共生。实践证明，那些能够兼顾自身发展与社会责任的创业企业，往往能赢得更多信赖与支持，实现可持续的商业成功。

春秋范蠡，被誉为“商圣”。范蠡的创业故事，是古代创业成功的典范。

范蠡早年辅佐越王勾践，成功复国后，他选择急流勇退，开始了他的商业生涯。他迁居齐国，化名鸱夷子皮，利用对市场的敏锐洞察，他开始从事农业生产和商品贸易。范蠡注重时节，遵循规律，通过谷物的丰歉预测市场波动，低买高卖，很快积累了大量财富，被齐王赏识，任命为相国。但范蠡深知“久受尊名，不祥”，毅然辞官，散财给贫困百姓，迁徙至陶地（今山东定陶）。

在陶地，范蠡凭借其卓越的商业才能，再次白手起家，利用陶地的地理优势，开展多元化的贸易活动，往来各地，互通有无，成为闻名遐迩的富商，自号“陶朱公”。他遵循“与时逐而不责于人”的商业哲学，主张顺应时势，公平交易，赢得了商界的尊敬与信任。

创业积累财富，首先，在于精准定位，深刻了解市场需求，找到未被充分满足的细分领域。紧随其后的是现金流管控，维持健康的财务状况，避免盲目投资带来的资金链断裂风险。

其次，重视团队建设，形成稳固的核心力量，共担风雨，共享成果。

再次，构建良好的客户关系与品牌信誉，积累正面口碑，形成用户黏性，驱动持续增长。

最后，学会风险管理，预见并准备应对各种挑战，如政策变动、经济周期等，保持企业运营的韧性。通过这些原则的践行，创业者能在积累财富的道路上稳步前行，实现个人价值与社会贡献的双赢。

晚唐李琨是一位著名的商人，李琨出生于长安一个小商家庭，自小耳濡目染，对商业有着天然的敏感度。

起初，李琨观察到随着丝绸之路贸易的兴盛，丝绸制品需求激增，但质量参差不齐。他决定专注于高品质丝绸的生产和销售。他引入织造技艺精湛的工匠，组建了一支高效而专业的生产团队。

李琨独树一帜，给自己的丝绸品牌命名为“琨丝绮”，他不仅注重产品的内在质量，还设计了独特的包装和标志，通过口碑传播和在繁华集市展示，很快，“琨丝绮”便在长安乃至更广阔的地域内名声大噪，成为高品质丝绸的代名词。

面对丝绸贸易中的风险，如运输途中的损耗、市场竞争加剧等，李琨采取了多重风险管理措施。他建立了稳定的物流合作伙伴关系，确保货物安全准时送达；同时多元化经营，不仅仅局限于丝绸，还逐步涉足茶叶、瓷器等领域，分散风险。更重要的是，他坚持财务透明，严格成本控制，确保企业有足够的现金流以应对不时之需。

李琨的成功，是他深谙市场规律、重视团队培养、精心打造品牌以及有效管理风险的结果。他不仅创造了一个时代的商业传奇，更为后世留下了宝贵的创业智慧，他证明了在任何时代，这些原则都是企业成功的关键要素。

详细分析风险管理：在创业征途上，风险管理并非孤立的步骤，而是渗透于每个决策之中的持续性实践。首先，深度市场调研是基石，了解行业趋势、竞争对手及潜在客户需求，有助于预见市场风险。其次，制订灵活的商业计划，包括多种情境假设，确保在市场波动时能快速调整策略。资金管理至关重要，保持健康的现金流，预留应急资金以应对不确定性。同时，分散投资和合作风险，不把所有资源押注于单一产品或客户。重视合同与法律事务，清晰界定合作条款，降低未来纠纷风险。强化内部管控，建立有效的监督和反馈机制，及时发现并纠正偏差。

李明和他的团队正在筹备着一家餐饮初创企业——“绿享食尚”。起初，团队计划开设三家实体店，直接打入市场。然而，财务顾

问通过市场调研和财务模型分析，指出企业初期盲目扩张可能导致资金链紧张，建议采取更为稳健的"试水"策略：先开设一家旗舰店，以此为试点，验证商业模式的有效性及顾客接受度。

李明团队采纳了这一建议。他们在人流量大、目标客户集中的商业区租赁了一间小而精的店铺作为起点。同时，他们还实行了灵活的菜单设计，根据顾客反馈快速调整菜品，确保符合市场需求。

开业初期，确实遇到了一些挑战，如供应链不稳定导致成本波动，以及顾客对新品牌认知度不高等问题。但得益于前期的细致规划和快速响应机制，团队迅速调整策略，比如建立多供应商合作体系以分散风险，以及加大线上营销力度提升品牌知名度。

经过半年的运营，"绿享食尚"不仅实现了盈利，还积累了大量忠实顾客和宝贵的市场经验。

正是因为李明的创业团队从一开始就重视风险管理，没有急于求成，所以才让他们的事业在创业的浪潮中稳步向前。风险永远伴随着机遇，而一个机遇背后充满了诸多预期之内或之外的风险，古人说“三军未动，粮草先行”，正是对创业时应对风险的写照，创业如同打仗，进退之间，都要考虑收益与风险的比例，切忌冒进。

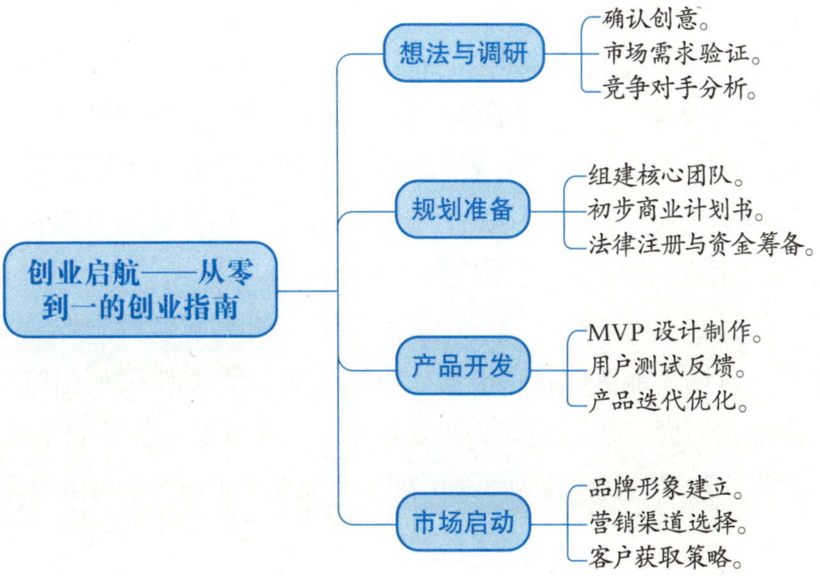

第九堂课
营销与品牌——让世界认识你

在自主创业或开展副业时，营销不仅是让产品或服务与世界相遇的桥梁，更是驱动增长、塑造认知、激发需求的关键力量。有效的营销策略能够使一个不起眼的创意，转变为市场上的璀璨明星。

通过精准定位、内容营销、社交媒体互动、口碑传播等多种手段，让你能够与潜在顾客建立情感连接，让他们从认识到了解，再到信任和支持。

此外，营销还能为你提供宝贵的市场反馈，帮助你不断优化产品和服务，确保它们紧跟市场趋势和消费者需求。在资源有限的创业或副业初期，聪明的营销投资往往能带来更高的回报率，实现事半功倍的效果。

在明朝中期，景德镇瓷器凭借其精湛的工艺与创新的营销策略，成功地将“中国瓷”推向世界。

明代的御窑厂专为宫廷烧制瓷器，其技艺高超，产品精美绝伦，而民窑则在学习御窑技术的同时，不断创新，生产出既符合皇家审美又兼顾市场喜好的瓷器。这本身就是一种高端品牌形象与大众市场需求相结合的营销智慧。

关键的营销策略之一是产品的多样化与定制化。首先，景德镇瓷器不仅种类繁多，从青花瓷到五彩瓷，满足了不同阶层和地域的审美偏好，而且开始接受海外订单，根据外国市场的特定需求定制瓷器图案与样式，如为欧洲贵族定制带有家族徽章的瓷器，极大地提升了产品的国际吸引力。

其次，景德镇利用丝绸之路和各国商业网络构建了庞大的贸易网络。商人将瓷器与其他珍贵商品一同出口，不仅拓宽了销售渠道，还将瓷器作为中华文化的使者，传播到亚洲、中东乃至欧洲，形成了强大的品牌影响力。这种国际贸易的开拓，实质上是一种早期的全球化营销策略。

景德镇瓷器成为明清两代皇家的象征，更在全球范围内树立了“白如玉、明如镜、薄如纸、声如磬”的品牌形象，成就了中国古代商业与文化输出的一个辉煌篇章。这一案例深刻体现了在传统手工业中，结合市场需求对于品牌成功营销推广的重要作用。

品牌，不仅是标识，更是信任的基石和价值的载体，它深刻影响着消费者的决策过程。一个强大的品牌，能够让消费者简化选择，比如，看到那“勾勾”的标志，人们会立刻想到耐克，联想到的是运动、激情与品质。

品牌力建立在一致性和可靠性之上。它通过持续提供高质量的品牌体验，积累正向口碑。良好的品牌形象能激发顾客忠诚度。

品牌还为企业构筑市场壁垒，提高议价能力。在竞争激烈的市场中，一个深入人心的品牌可以为其产品或服务索取更高的价格，因为消费者愿意为品牌背后的情感价值和信誉额外付费。

同仁堂始创于1669年，由乐显扬先生在北京创办，同仁堂起初仅是一家小药铺，却怀揣着“同修仁德，济世养生”的宏愿。

进入20世纪，同仁堂面临着前所未有的挑战：西医涌入，传统中医遭受质疑。然而，同仁堂坚守初心，不仅传承古法炮制技艺，更积极引入现代科技，提升了药品质量与安全性，实现了传统与现代的巧妙融合。

品牌的力量在于其对品质的不懈追求。同仁堂遵循“炮制虽繁必不敢省人工，品味虽贵必不敢减物力”的祖训，确保每一剂药都货真价实，疗效显著。这种对品质的坚守，不仅赢得了消费者的广泛信赖，而且奠定了同仁堂在中药领域的权威地位。

同仁堂还注重品牌文化的建设。通过编写《同仁堂志》、设立中医药博物馆等方式，传播中医药知识，弘扬中医药文化，加深了公众对其品牌的认同感和文化归属感。同时，它积极参与社会公益，如在疫情期间捐赠药品，展现了企业的社会责任，进一步强化了品牌的正面形象，真正诠释了“百年老店”的品牌力量。

危机时刻，品牌力更是“避风港”。面对市场波动或负面新闻，强大的品牌能凭借以往建立的信任“缓冲”，更快恢复公众信心，减轻负面影响。

品牌力量在于它能够深度链接情感与理性，驱动市场选择，保护企业免受冲击，并持续创造品牌经济与社会价值，是企业长期成功的关键要素。

营销造就品牌，品牌决定营销的方式，两者相辅相成。营销通过广告宣传、社交媒体互动、促销策略等手段，不断向目标传达品牌价值、理念及产品特性，吸引顾客注意力，激发购买欲望。而品牌则是营销的基石，强大的品牌形象能够为营销提供深厚的底蕴和差异化优势，使得营销信息更加有竞争力、有信服力，从而在竞争激烈的市场中脱颖而出。反之，成功的营销举措又能反哺品牌，通过持续的正面曝光与互动反馈，增强品牌的市场认知度、忠诚度和美誉度。二者相互依赖，相互促进。

农夫山泉在 90 年代末进入市场时，面临着激烈竞争。农夫山泉敏

锐地意识到必须打造差异化的品牌形象和产品特质。于是，它提出了“我们不生产水，我们只是大自然的搬运工”的品牌主张，这一口号迅速深入人心。

接下来，农夫山泉通过一系列营销活动，强化了这一品牌理念。它启动了“水源地寻源”活动，邀请媒体和社会公众实地考察其位于长白山、千岛湖等地的水源地，直观展示了水质纯净与生态环境的优势。

同时，农夫山泉还善于运用情感营销，比如推出了一系列以动物、植物为主题的瓶身设计，如“生肖瓶”“故宫瓶”等，大大增强了品牌的社会影响力和用户黏性。

通过这些营销与品牌建设的联动策略，农夫山泉不仅在国内市场稳固了领导地位，还成功走向世界，成为国际舞台上代表中国品质的知名品牌。这一过程，充分证明了在市场竞争中，清晰的品牌定位、创新的营销手段以及持续的品牌价值传播，是企业赢得消费者心智，实现长远发展的关键。

告别搬砖生涯，实现财富增值，创业或者副业是唯一的两个的选

择，无论哪种选择，若要长远发展，必定离不开营销和品牌。营销能让品牌从籍籍无名成长为人尽皆知，能帮助品牌树立形象，渡过危机；品牌的成长过程也是营销手段成熟、改变的过程，如华为这般的大企业，也是从一步步地精准营销中树立了品牌，直到成为全世界的翘楚，所以，品牌和营销双赢的企业才能赢得消费者的心智、实现长远发展。

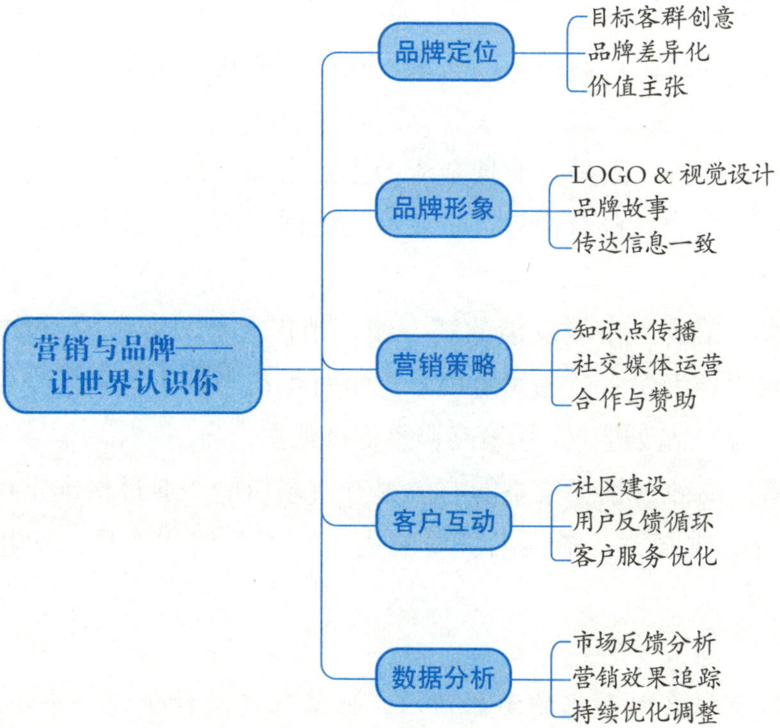

第十堂课
销售的秘密——把想法变成现金

销售是连接生产与消费的桥梁，直接关系到企业的收入与市场的地位。

首先，销售收入是企业现金流的主要来源，直接影响公司的财务健康与运营能力。没有销售，企业就无法回收成本，长此以往将难以为继。

其次，销售是市场反馈的第一线，销售人员与客户的直接交流，能快速收集到消费者产品满意度、竞争对手动态及市场需求变化等宝贵信息，为产品改进、市场策略调整提供依据。

再者，高效的销售策略能有效提升市场份额，通过精准定位、创新推广及优质服务，增强品牌影响力，吸引并留住客户，构建竞争优势。

晚唐有位名叫李福的瓷器商人，他居住在景德镇的一个小村庄。李福注意到市场上瓷器虽多，但样式单一。他萌生了一个创新的想法：结合景德镇精湛的制瓷工艺，创造出既实用又富有艺术美感的瓷器。

李福首先深入研究市场需求，发现人们对寓意吉祥、设计独特的瓷器情有独钟。于是，他与当地工匠合作，设计了一系列以四季花卉、山水风光为题材的瓷器，每一件瓷器都融入了诗文元素。

为推广这些新颖瓷器，李福采取了多种销售策略。他将瓷器带到文人聚集的书院、茶馆展示，利用这些场所的文化氛围提升产品的格调。同时李福还组织鉴赏会，邀请当地的文人墨客参与，通过这些活动，让瓷器成为社交场合的焦点，自然而然地引起了人们的关注和讨论。

通过这些精心策划的销售策略，李福不仅成功地将他的创新想法转化为市场上的热销商品，还为景德镇瓷器增添了新的艺术风貌，使自己的品牌在瓷器界占得一席之地，实现了从创意到现金流的转变。

最后，高明的想法和创意以及产品，需要实际可操的销售策略来落地，并转化为利润。无论是实体、电销还是网销，不同的销售形式需要不同的销售策略来支撑，而不是一成不变的吆喝买卖。聪明的销售从来都是快速转变策略以适应不同的客户或者产品的。

很多办公室职员告别了搬砖生涯，自己做起生意来，其中一部分人选择了开店卖货。实体店铺销售产品，需营造吸引顾客的环境，注重细节与体验。首先，门面特色鲜明，橱窗展示要新颖诱人，激发顾客好奇心，吸引入店。其次，店内布局科学合理，灯光、音乐和商品布局要营造舒适购物氛围。再次，自己和店员需要有专业过硬的知识储备，这是高级销售的基本素质，能准确识别顾客需求，并提供个性化推荐。定期举行促销活动或会员专享优惠，刺激顾客购买欲望。最后，利用社交媒体和本地社群营销，扩大店铺影响力。

乾隆年间，京城有家名为“聚宝阁”的古董店，其老板林掌柜深知，古董交易不仅是买卖，更是文化的交流。他首先对店铺进行了精心布置，店内古色古香，每一处摆设都透露着历史的气息，营造出浓厚的文化氛围。他还特意设置了一个茶歇区，供顾客品茗谈古论今，使得购物过程变成了一次美好的享受。

在商品选择上，林掌柜眼光独到，不仅搜罗各类珍稀古玩，更注重挖掘每件古董背后的故事。他亲自撰写介绍小册，每件商品旁均附有其来历、历史背景的小故事，让顾客在欣赏之余，更添几分文化共鸣。

林掌柜非常重视顾客体验，能够解答顾客的每一个疑问，甚至为顾客提供一对一的讲解服务，让顾客感受到尊贵与专业。

此外，他创新性地引入了“古董品鉴会”的概念，定期邀请京城内外的文人雅士、收藏大家来店里交流。

最终，林掌柜凭借着多元化的销售策略，将“聚宝阁”从一家小店铺发展成为业界传奇。

聚宝阁的成功其实是典型的销售策略的成功，林掌柜将自己诸多的想法和创意一一实现于方寸之地的店内，结合自身的专业和热忱、产品的精良和真实，辅以正确且多样的销售方式，得以在同行业中脱颖而出。

电话销售也是传统销售方式的一种。它通过直接连线潜在顾客，实时捕捉反馈，迅速调整策略，实现高效互动。在信息爆炸的今天，电话销售依然扮演着关键角色：它能够跨越地理限制，广泛撒网，迅速筛选出高潜力客户；通过个性化的沟通，销售人员得以深入了解客户需求，提供定制化解决方案。

实施电话销售时，首先是做好充分准备，包括详尽的客户资料研究、清晰的通话目标设定及预期应对策略。

在这个数字化时代，结合 CRM 系统与数据分析，电话销售能更加精准地定位目标，提升转化效率，使其在多渠道销售策略中仍占有重要的一席之地。

某团队开展了一次高效电话销售的实战案例。

他们通过市场调研，锁定了中小型企业作为目标客户群，精心准备了电话销售脚本。

电话沟通中，销售代表们采用了一种亲切而非强迫性的沟通策略。他们首先询问企业的日常办公痛点，随即针对性地介绍钉钉如何解决这些问题，如“移动审批”“智能考勤”等功能。他们避免了硬性推销，而是引导企业认识到钉钉对其业务的实际价值。

为了增强说服力，销售团队还会邀请潜在客户参加线上产品演示会，展示实际操作界面，让客户直观感受钉钉的易用性和效率提升效果。

在跟进阶段，团队利用 CRM 系统记录每次沟通细节，个性化定制跟进邮件和短信。

通过这一系列精心设计的电话销售策略，团队在短短几个月内获得了大量中小型企业用户的青睐，注册企业数量激增。

该团队电销的成功，说明了电话销售的前提是庞大的客户信息梳理细分，精确寻找到潜在的目标客户群体。盲目的电话销售是在做无用功，并且会成为我们深恶痛绝的骚扰电话，所以在我们的创业中，首先要做的除了考察市场就是定位客户。

对于想告别搬砖的创业者来说，网销无疑是最容易掌握的一种销售方式。

小李是一名建筑工人，收入不稳定。一次他在网上看到一篇关于电商创业的文章，内心燃起了改变命运的火苗。

起初，小李利用业余时间自学电商平台运营、网络营销策略。后来小李决定辞去工地的工作，全身心投入网络销售。

他从零开始，搭建了自己的淘宝店铺，主打家乡的绿色健康农产品。为了让产品脱颖而出，他精心拍摄产品图片，撰写吸引人的商品描述，利用社交媒体和内容营销，讲述产品背后的故事，引起了消费者的共鸣。

初期，销量并不理想，但他坚持每日优化关键词、参与平台活动，耐心回答每一个客户咨询，逐渐积累了第一批忠实顾客。通过口碑传播和复购，店铺销量稳步上升，小李还利用直播带货的形式，亲自上

阵，展示农产品的种植环境和加工过程，增强了顾客的信任与互动。

相比较而言，网络销售所需的成本普遍低于传统销售，低成本意味着低风险。办公成本、生产成本、仓储物流成本都是大幅度的下降，甚至在小规模的创业中，诸如仓储和办公空间成本几乎为零，这对于搬砖族来说，是十分利好的。

销售的秘密——把想法变成现金

- **目标市场定位**
  - 确定目标客户群。
  - 竞争对手分析。
  - 市场细分策略。
- **定价策略**
  - 成本分析。
  - 价值定价。
  - 市场接受度测试。
- **销售渠道建设**
  - 在线平台（官网、电商）。
  - 线下渠道（实体店、分销商）。
  - 社交媒体与内容营销。
- **销售技能培训**
  - 销售技巧与团队。
  - 客户关系管理（CRM）。
  - 销售团队搭建与激励。

第十一堂课
数字时代的学习——快速学习新技能的秘诀

“工欲善其事必先利其器”，既然我们想要告别搬砖，利用一份自己的事业来创收，那学习是必不可少的，借助现在数字时代的诸多工具，我们可以快速地学习并掌握新的技能，比如 Coursera（大型公开在线课程项目）、Udemy（全球性在线学习与教学平台）或者知乎盐选课程，上下班途中听一节音频课，午休时看一段教学视频，晚上实践所学内容，哪怕只是完成一个小练习。

利用周末或空闲时间深入研究，通过操作项目来加深了解，比如编程就从编写小程序开始，设计则可以修改现有作品。

同时，善用技术工具提升效率，比如使用 Anki 等闪卡软件帮助记忆，或是利用 Notion、Trello 管理学习计划和笔记，保持学习材料和进度的有序。

小王是一名传统行业的销售主管，他决定利用数字时代的资源来自我提升。

每天早晨，小王在通勤地铁上，通过“得到”APP 收听数据分析基础课程，逐步建立起对数据概念的了解框架。午休时，他会打开 Coursera 上的《Python 数据分析》课程，跟着视频一步步学习编程基础，边学边在 Jupyter Notebook 上练习，将抽象概念转化为实际操作。

周末，小王则会花时间深入研究公司的销售数据，尝试用 Python 进行数据清洗和分析，识别销售趋势和潜在客户群体。他利用 Tableau 制作可视化报告，直观展示给团队，大大提高了汇报效率和说服力。

小王不仅掌握了数据分析技能，还在实际工作中成功预测了下一季度的销售热点，帮助团队提前布局。他的努力得到了上级的认可，被提拔为销售部的数据分析负责人。

小王的故事告诉我们，在数字时代，利用碎片化时间学习，将理论知识快速应用于实践，是个人技能迭代升级的有效途径。通过不懈努力，每个人都能在快速变化的环境中找到属于自己的位置，实现职业的跃迁。

学习是一个持续的过程，重要的是持之以恒，将所学融入生活，逐步构建自己的知识体系。以提升职业技能为目标的学习是前提，切忌好高骛远，不顾实际，盲目的追求新事物、新知识、新技能，到最后学不成，用不到。

现在的学习与学生时代的学习不同，以提升技能，创造财富为目标的学习必须更加有针对性，更加注重实用性，尤其是在这个数字时代，我们太容易接触到各种各样新的知识，新的技能，有多种可选择的学习工具，很容易在选择上出现偏差，不合适的学习内容无法转化为技能和财富，错误的学习工具则会让我们事倍功半，依赖于网络上的零散信息和快餐式学习，容易导致知识体系碎片化，缺乏系统性和深度。这不仅影响我们对知识的全面理解和应用能力，还可能在解决问题时缺乏综合分析和创新思维，浪费时间和精力。

小林渴望在 IT 行业发展，他决定自学 Python。一开始，小林被网络上五花八门的免费资源所吸引，他每天穿梭于不同的在线课程和教程之间，试图通过碎片化的学习快速掌握技能。他下载了无数 PDF 教程，每天接收大量的学习资料。

然而，几个月过去了，小林发现自己虽然接触了大量的信息，但在实际编写代码时仍然困难重重。由于学习路径混乱，很多基础知识并未牢固掌握，他的自信心受到严重打击。

小林开始反思自己的学习方式。他意识到，之前那种“广撒网”式的学习方法虽然看起来充实，但实际上效率极低。于是，他决定调整策略，选择了两门口碑好的系统课程，一门基础，一门进阶，并制订了详细的学习计划。他不再追求速度，而是注重理解和实践，每天固定时间完成课程作业，并在 GitHub 上提交项目，主动寻求反馈。

此外，小林还加入了一个高质量的技术社区，随着时间的推移，小林的编程能力显著提升，不仅能够独立完成项目，还在社区中赢得了尊重和认可。

在数字时代，正确选择学习路径和方法至关重要，在开始学习之前，要认真审视自己的短处，有的放矢，规划自己的时间，提高效率，选择合适的学习工具，避免浪费资源，拒绝知识碎片化和无效努力，一步一个脚印，稳扎稳打。

快速掌握工作专业之外的一项新技能，并将其转化为财富，是搬砖族快速致富的最佳途径，也是最稳妥的方式。在信息爆炸，知识获取门槛低的今天，选择至关重要，要选择自己能快速掌握的，有兴趣的，有一定基础的技能去学习，去掌握，不能这山看着那山高，什么都想学一学，什么都想试一试。作为个人来讲，熟练掌握一两项技能已经难能可贵了，贪多嚼不烂，欲速则不达，只有将本职的和预期的技能掌握牢固，才能做到不影响本职收入并收获副业利润，甚至创业，成为自己掌控财富的人。

李明是一名普通的上班族，每天朝九晚五，生活规律而平淡。他平时喜欢剪辑视频，他注意到短视频平台的兴起，决定以此为突破口，自学视频编辑和内容创作课程，从零开始探索这个新兴起的领域。

通过几个月的努力，李明不仅掌握了视频制作技巧，还深入研究了平台算法和用户喜好。他结合自己对旅行的热爱，创立了一个专注于分享小众旅行攻略的短视频账号。起初，进展缓慢，观看量寥寥无几。但他没有气馁，持续优化内容，与观众积极互动。

转机出现在一次偶然的旅行分享中，李明发布的“隐藏景点揭秘”视频意外走红，吸引了大量粉丝关注。随着粉丝量的快速增长，广告合作和品牌赞助接踵而至。李明开始谨慎选择合作，确保内容质量，逐渐建立起个人品牌。

如今，李明的副业收入已经不亚于他的主业，甚至有了更多灵活工作和探索世界的机会。数字时代的学习之路，让他在保持本职工作稳定的同时，成功开拓了一片属于自己的天地。

以前，人们在工作之余很难通过学习去掌握一门新的技能，因为受限于当时的社会发展程度，但在如今数字时代下，我们可以足不出户地接触到海量的信息，接触到层出不穷的赚钱行业和方法。我们要从自身的条件出发，包括时间、经济实力、市场前景等，分析出一项适合自己的项目并合理地去提升自己以完成该项目，去实现财富的增值。总之，终身学习，终身受益。

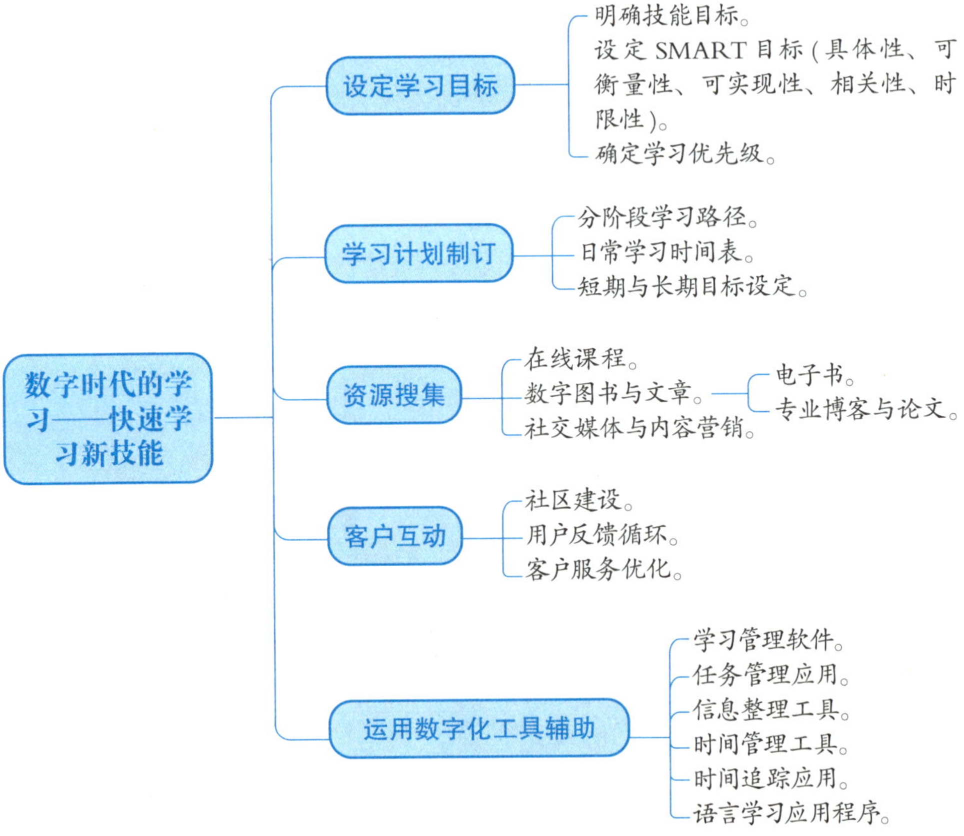

第十二堂课
个人品牌的力量——打造你的个人品牌

强大的品牌力量，能让企业在激烈的市场竞争中脱颖而出，不仅是标识或名称，它代表了一种承诺、一种价值观、一种生活方式。通过持续提供高质量产品与卓越服务，建立起品牌独特的市场地位，吸引并留住忠诚顾客，形成口碑传播效应。品牌的故事与文化，深化了消费者的情感链接，促使顾客购买决策超越单纯的功能需求，进入情感认同的层次。此外，品牌影响力还能吸引优秀人才，提升企业议价能力，在价格战中保持优势，实现长远发展。品牌是无形资产的核心，是企业抵御市场波动、持续增长的坚固基石。

茅台镇自古便是酿酒的圣地。早在汉代，当地就开始酿造美酒。然而，茅台酒真正名声大噪，是在 1915 年的巴拿马太平洋万国博览会。彼时，茅台酒作为中国展品之一参展，起初并未引起太多人关注。一次偶然的机会，一名中国代表不慎将一瓶茅台酒摔碎于地，顿时酒香四溢，吸引了全场目光。这一意外事件，反而让茅台酒以其独特的酱香和浓郁的酒体赢得了评委的青睐，在博览会上荣获金奖，从此蜚声国际。

茅台酒采用当地独有的水质、气候和微生物环境，配合传统的酿造工艺，经过多次发酵与蒸馏，形成了无法复制的独特风味。茅台代表了中国白酒文化的精髓，蕴含了匠人的智慧与汗水，以及对完美的极致追求。

随着时间的推移，茅台品牌已经成为高端、尊贵的象征，不仅在国内享有盛誉，也是国际市场上中国文化的使者。茅台的故事告诉我们，真正的品牌力量，源于深厚的文化根基、卓越的产品质量，以及能够跨越时空、触动人心的品牌故事。

品牌是文化的载体，它蕴含并传递着特定的价值观、审美取向和生活方式。品牌与消费者建立起情感链接，超越产品功能，成为社会认同和文化表达的一部分。在这个过程中，品牌塑造了其独特的身份标识，同时深受其所处文化背景的塑造，相互作用，共生共荣。

打造品牌，首先要明确品牌的核心价值，这是区别于竞争对手的基石。通过深度挖掘产品特色，结合市场需求，提炼出独特卖点。构建完整品牌故事，如通过创始人故事、品牌起源等，赋予品牌生命力。

设计方面，统一的视觉识别系统至关重要，包括 LOGO、色彩、字体等，确保品牌在所有平台上的一致性。

在营销传播上，多渠道布局，结合社交媒体、内容营销等多种方式，精准定位目标受众，传达品牌价值。

顾客的反馈是宝贵的资源，建立高效的反馈机制，积极互动，将顾客的声音融入产品改进和品牌发展中，培养忠诚用户群体。

乾隆年间，安徽绩溪县诞生了中国文房四宝之一——徽墨的顶级品牌“胡开文墨庄”。故事的主人公胡天柱，出身于制墨世家，他继承祖业后，立志要创造出超越前人的墨品。

胡天柱深知，好墨需得用好料，他遍访名山，精选上等松烟、桐油烟以及各种名贵药材、香料，通过秘制配方与精湛工艺，使得制出的墨，色泽乌亮、书写流畅且保存千年不褪色。更独特的是，每一锭徽墨都蕴含着山水意境，有的形似龙凤呈祥，有的图绘梅兰竹菊，既是文房实用之物，又是可供赏玩的艺术品。

为了打造品牌，胡天柱坚持品质至上，每一锭徽墨都要经过严格检验，不合格者绝不允许流入市场。他还利用当时的商路，将徽墨销往全国各地，甚至远及海外，让“胡开文”之名逐渐成为优质徽墨的代名词。不仅如此，胡天柱还积极参与文化活动，赞助文人雅士，使得“胡开文墨庄”的名声随着文人的诗书画作品流传开来，无形中提升了品牌的影响力和文化价值。

打造品牌时，忌盲目跟风，失独特个性；忌忽视质量，砸信誉根基；忌传播混乱，信息不一致；忌轻视顾客，缺乏真诚互动；忌短视行为，损害长期发展。品牌建设需谨慎规划，维护形象，持续创新，诚信服务，方能稳步前行。

现实中，不仅产品具有品牌属性，个人也同样如此，优质的个人品牌影响力甚至超过产品本身。打造个人品牌，首先应明确自我定位，发掘个人核心价值与专长，树立鲜明特色。其次，无论是专业知识分享还是个人见解表达，都应保持深度与原创性，以其专业性和独特视角吸引关注。个人形象管理同样重要，线上线下保持一致的正面形象，展现真实且积极向上的生活态度。

互动沟通是关键，积极回应客户或者诚信与同行交流，建立良好的社群关系，扩大影响力。同时，跨界合作能有效拓宽视野与人脉，为个人品牌增值。

孔子生活在一个诸侯割据时代。他通过自己的言行与教诲，逐渐构建起一个流传千古的个人品牌——儒家。

孔子年轻时曾担任过小吏，但很快意识到自己的志向在于传播学问与道德理念。于是，他开创私学，广收门徒，不分贵贱，有教无类，这一创新之举打破了当时教育被贵族垄断的局面，吸引了来自四面八方的求学者。他的教学强调道德修养与社会秩序的重要性，这些思想后来被整理成《论语》等经典文献，成为儒家文化的基石。

孔子在游历列国期间，不断宣扬自己的政治理念和道德观念，虽然屡遭挫折，但他坚持“知其不可而为之”的精神，赢得了世人广泛尊敬。

更为重要的是，孔子培养出如颜回、子路、子贡等一大批杰出弟子，他们不仅传承了他的学说，还将其推广至各国，影响了整个东亚文化圈。孔子逝世后，其学说被尊为“儒学”，并逐渐成为中国封建社会的正统思想，对后世的政治、文化、教育乃至家庭伦理产生了深远影响。

孔子的故事，是一个关于如何通过不懈努力、坚定信念以及卓越贡献来打造个人品牌，并最终影响历史进程的经典案例。他的智慧与

人格魅力跨越千年，至今仍激励着人们追求知识、完善自我、服务社会。在现代社会，个人品牌的重要性日益凸显，投资个人品牌的建设，就是在投资自己的未来。

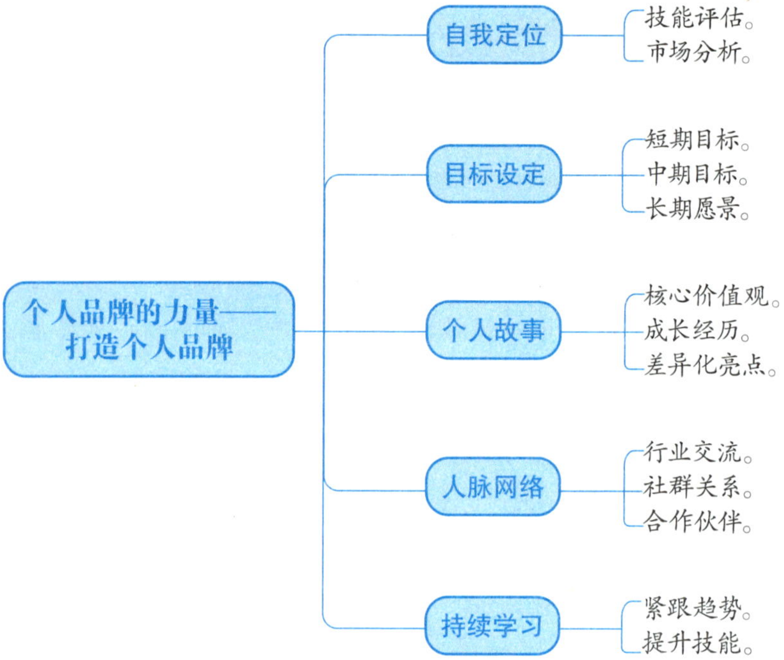

第 3 篇

实战赚钱，步步为赢

实战赚钱，步步为赢，首先是一场策略与执行的双重挑战。我们要洞察市场动向，以创新思维捕捉商机；其次，注重客户关系，以忠诚度为桥梁，构建持久的商业纽带，并在资源整合中寻求共赢，通过谈判艺术争取优势，让投资成为增长的引擎，最后做好现金流与预算的管理。

第十三堂课

网络赚钱的秘诀——用创意赚钱

在数字时代，网络开辟了多元化的赚钱途径，让我们可以利用自身的创意和专业知识，在各种在线平台上吸引关注并创造收益。无论是教育、娱乐还是提供有价值的信息，核心都在于能够产出吸引人的内容，这就要求我们要深入了解目标受众的兴趣和需求，然后以此为出发点创作内容。例如，通过制作视频教程分享专业技能，或通过图像分享展示创意作品，来吸、引特定的受众。同时，为了提升内容的网络可见度，我们可以运用搜索引擎优化（SEO）和在线营销策略，吸引更广泛的观众群体，增加内容的影响力。

李芳是一位热爱摄影的上班族，她常常在工作之余拍一些美丽的照片，慢慢地，她发现尽管许多人喜欢摄影，但大家并不了解如何编辑和优化他们的照片，因此，她决定利用自己所掌握的专业知识，在数字平台上分享摄影技巧和后期编辑教程。

她在多个社交媒体平台上创建了“光影艺术”账号，

定期发布关于摄影技巧、后期编辑和设备评测的内容。她将目标受众定位在摄影爱好者和初学者这两个群体，制作出的内容既能让他们轻松学习到有用的知识，又能吸引他们的兴趣。

为了提升内容的网络可见度，李芳运用在线营销策略来推广自己的账号。她选择了几个关键词来优化文章和视频的标题、描述及标签，使内容更容易被搜索引擎和潜在观众发现。

随着“光影艺术”账号关注度的逐渐增加，李芳尝试着开设了在线摄影课程，教授摄影爱好者如何提高他们的摄影技术，她的课程设计通俗易懂，而且语言风趣幽默，获得了粉丝们的一致好评。

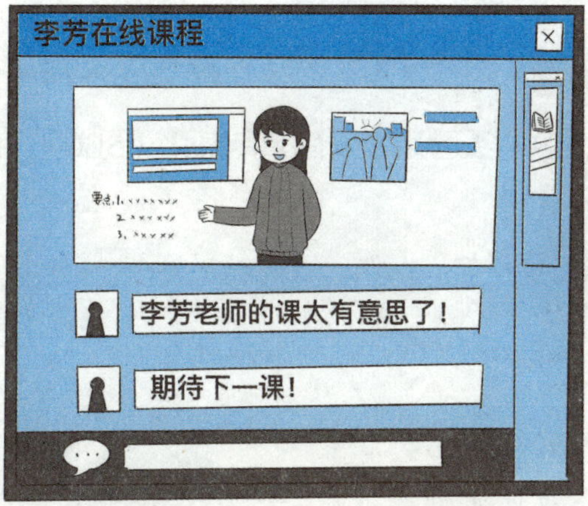

内容创作的第一步是确定自己的专业领域和热情所在。这可以是你的一个职业专长、一个特定爱好，或者是你非常擅长的任何主题。一旦确定了内容方向，就可以开始规划和制作内容，确保它们既有教育意义，又能吸引观众。

不同的平台有不同的受众群体，例如，某些平台可能更适合发布深度分析文章和详细的教程，而有些平台则可能更倾向于快速、易于消费的内容。因此，为了让内容的影响力最大化，创作者需要深入了解每个平台的用户基础和内容分发机制，并选择最适合自己创作内容类型和目标受众的平台。此外，保持内容的高质量和一致性是建立和维护忠实观众基础的关键，这不仅有助于提高观众的参与度，也是实现长期成功的重要因素。通过精心策划内容发布策略，创作者可以在各自的领域内构建起强大的品牌影响力。

作为一名科技爱好者，李华在多个社交媒体平台上开设了账号，并分享关于最新科技趋势和产品评测的内容。

李华精心策划内容发布策略，以确保在不同平台上发布适合各自受众的内容。他注意到，深度文章在微信公众号上更受欢迎，而短视频则在抖音上的传播速度更快。于是，他开始在微信公众号上发布分析文章，这些文章详细解读了科技产品的技术细节和市场影响，吸引了一群对科技有深入了解的读者；而在抖音上，他则发布了简短的产品体验视频，以快速、直观的方式展示产品特点，吸引了更广泛的年轻观众。

内容发布后，他通过分析点

赞、评论和分享数据，了解哪些类型的内容最受欢迎。例如，他发现介绍科技产品如何改善日常生活的短视频在抖音上更容易获得用户的喜爱和传播。

基于这些反馈，李华不断调整自己的内容策略，使得所创作的内容更加贴合市场需求。他的互动和回应也增强了与观众之间的联系，逐渐建立起了忠实的观众群体。

内容发布后，要密切关注观众的反馈。平台都设有评论、点赞和分享的互动形式，这些也是观众与你互动的重要指标。通过反馈，我们可以了解哪些类型的内容最受欢迎，并据此调整我们的内容策略，使得所创作的内容更加贴合市场需求。

网络平台的盈利模式多种多样，除了传统的广告收入，还可以通过与品牌的合作、提供付费订阅服务，或是以销售数字产品等多种方式来实现盈利。每种盈利模式都有其特定的适用场景和潜在优势，因此，我们需要综合考虑内容特性、目标受众以及个人偏爱，来选择最适合自己的盈利途径。例如，如果内容具有强烈的教育或信息价值，那么通过在线课程、电子书或专业指导来盈利可能是一个不错的选择。对于那些已经建立了大量忠实粉丝的创作者，与品牌合作或参与联盟营销，则是非常可行的盈利途径。

周红是一个烘焙博主，她在多个社交媒体平台上分享自己的烘焙技巧和食谱，逐渐积累了一定的粉丝。周红开始尝试将她的烘焙内容变现。首先，她发布了一些深入的烘焙教程，这些教程内容丰富、实用。其次，她决定通过出售电子书和在线烘焙课程来盈利。她的电子书和电子烘焙课程很快受到了粉丝们的欢迎，为她带来了稳定的收入。

随着粉丝群体的扩大，周红也开始与烘焙品牌合作，进行产品推广。她选择与自己内容风格相符合的品牌进行合作，确保推荐的产品对粉丝有用，这样的合作不仅为她带来了额外的收入，也增强了粉丝对她的信任。

同时，周红始终保持学习态度，并通过视频和直播与粉丝互动，使她的直播内容更加生动有趣。

周红的烘焙博客慢慢成为她与同好交流的平台，也成为她收入的重要来源。她的故事证明只有通过不断学习和创新，以及对粉丝需求的敏感捕捉，个人创作者才能在网络平台上建立起稳定且持续的收入渠道。

网络赚钱绝非是一夜之间能够实现的目标，因为内容创作是一个逐步积累观众和建立声誉的过程，不可能一蹴而就，所以，创作者要投入长期的耐心和坚持不懈的努力。但只要坚持和创新，随着时间的积累，就可以逐步打造出一个稳定且持续的收入渠道。此外，创作者需要保持对行业趋势的敏感性，不断学习、尝试新的方法，并根据反馈进行调整和改进。

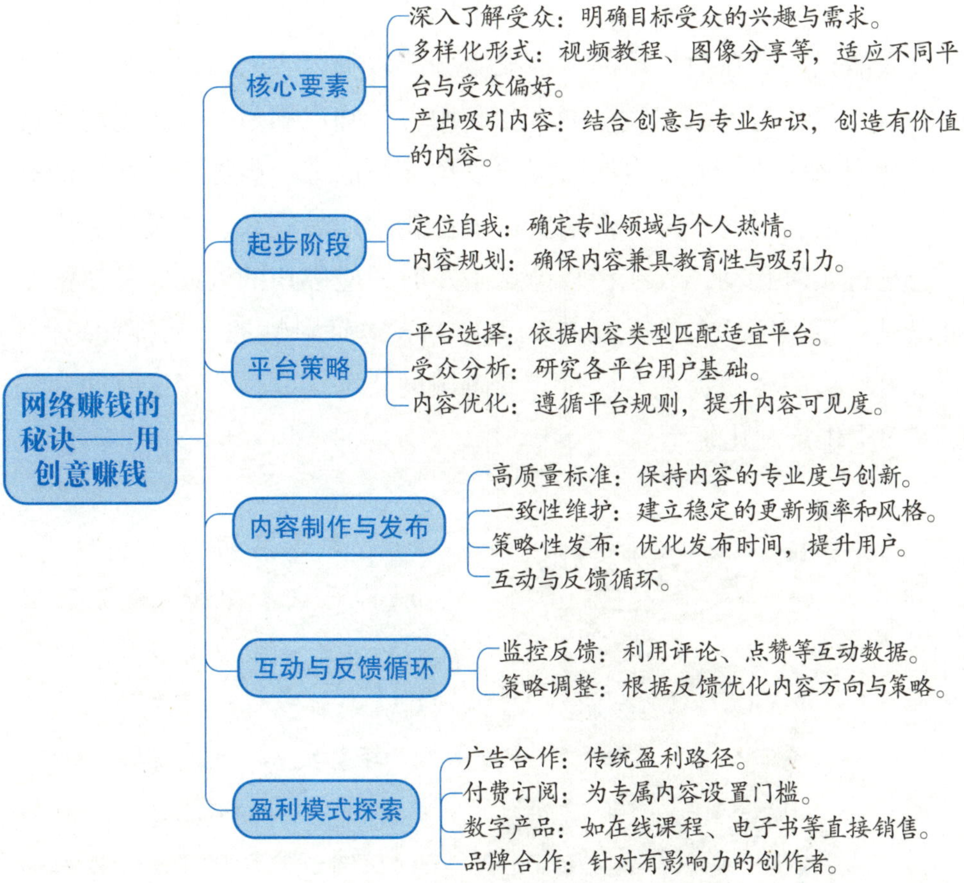

第十四堂课
客户忠诚度——构建持久的客户关系

对于网络创业者而言，构建一个忠诚的客户群体是实现创业者持续收入的核心。在数字产品、在线服务或教育内容领域，赢得客户忠诚的首要任务是提供高质量的产品和服务，确保满足客户甚至超越客户的期望。此外，通过定期的客户互动，可以进一步加深与客户的关系。这包括利用电子邮件营销发送个性化的产品更新、通过社交媒体平台进行实时互动，或在在线论坛中及时回应客户的询问。具体策略可以是：根据客户的购买历史和偏好，发送针对性的产品推荐邮件；为重复购买的客户提供专属折扣或忠诚度奖励，以及在特定时间为长期客户提供定制化优惠。

晚清著名的商人胡雪岩，以其商业才智和诚信经营在江南一带享有盛誉。他的商铺，以"货真价实"为经营之本，深受顾客信赖。

一日，胡雪岩在检查新到的一批丝绸时，发现其中几匹丝绸色泽不均，虽非专业人士难以辨认，但胡雪岩坚持品质至上，决定不将其出售。他公开销毁了这

些丝绸，并承诺将始终坚持高质量。这一行为虽看似损失，但却赢得了顾客更深的信任。

胡雪岩也重视顾客反馈，常与顾客深入交流，了解他们的需求。一日，他在店内与一位老顾客交谈，得知顾客对丝绸的手感有特别的要求。胡雪岩默默记在心中，随后特别定制了一批手感细腻的丝绸，满足了顾客的需求，也吸引了更多追求高品质的顾客。

他的故事体现了古代商人对服务质量的重视，以及通过不断沟通与顾客建立长期关系的智慧。胡雪岩的商业实践，展现了在商业活动中，诚信与顾客至上原则的重要性，而胡雪岩的成功，不仅在于其商业手腕，更在于他对商业道德的坚守。

忠诚计划是提升客户黏性的有效策略。忠诚计划的设计目标是增强客户黏性和提升客户生命周期价值，然后基于对客户行为的深入了解，在满足客户的需求和期望的前提下，制定简洁明了的规则和透明的奖励机制，以提高客户参与度并与其建立信任。

实施忠诚计划时，一定要注意细节的管理。以在线教育平台为例，为完成特定课程的学生设计独特的徽章和认证证书，不仅增加了学生学习的成就感，也让学生在社交媒体或个人简历上展示时倍感自豪，从而提升了他们的个人品牌。此外，通过为忠实客户提供专属的会员日活动或预购优惠，可以让他们感受到与众不同的尊重。忠诚计划的有效性也依赖于与客户的定期沟通，这包括及时更新他们的积分状态、提醒他们即将到期的奖励，以及预告即将到来的促销活动。这种持续的互动不仅让客户感受到被重视，也强化了他们与品牌之间的联系。

王老板开了一家餐厅，主打正宗的苏州菜肴，里面的环境古典优雅。为了在激烈的餐饮市场中脱颖而出，他精心设计了一款融入苏州园林元素的精美会员卡，作为餐厅的会员不仅能享受折扣，生日时还能获得特别菜品。王老板还设计了徽章作为会员品鉴特色菜肴的奖励。

同时，他通过微信与会员保持沟通，分享新菜品和活动信息，每次还附上亲笔问候，让顾客感受到他的真诚与关怀。在餐厅最显眼的位置，他放置了一个意见箱，让顾客提出宝贵的建议，并尽可能地将顾客的意见融入进餐厅的改进之中，让顾客感受到他们的声音被倾听和重视。

此外，王老板还积极参与社区活动，

将餐厅打造成社区文化交流的平台，定期在餐厅举办烹饪课程，邀请社区居民参与，分享烹饪的乐趣，这些活动不仅增强了顾客的归属感，也为餐厅带来了良好的口碑，王老板的忠诚计划渐渐开花结果，他的餐厅不仅成为古城中的一处美食地标，还赢得了顾客的心。

同时，还需要建立一套客户反馈机制，一个简单易用的反馈系统不仅能鼓励客户分享他们的体验，还能让我们及时了解客户的需求和建议。可以通过在线调查问卷、产品评价系统或社交媒体直接反馈等方式，让客户参与到服务改进的过程中。

收到客户的反馈后，我们要对此定期审核并进行分析，识别出服务中存在的问题和改进的机会。例如，如果客户反馈显示某个在线课程的难度设置不合理，我们可以考虑提供额外的学习材料或增加互动辅导环节，以帮助客户更好地理解和掌握课程内容。此外，对于客户的建议，我们应该认真考虑并尽快实施可行的改进措施。这种积极的响应不仅能够让我们持续改进服务，还能让客户感受到他们的声音被倾听和重视，从而提升客户满意度，增强客户忠诚度，同时提升我们的竞争力和市场地位。

张先生是一位经常出差的商务人士，他总是选择同一家高端酒店作为他的落脚点。这家酒店因其对服务的极致追求和对细节的周到考虑而闻名。

每当张先生预订入住酒店，酒店的工作人员都会提前准备一份特别的礼物，以表达对他的欢迎。他们记得张先生喜爱吃的水果，会精心制作成果盘，放置在他的房间内。此外，他们还会附上一封手写的留言卡，感谢张先生对酒店的持续支持。

酒店了解到张先生对沐浴安全有所关注，便在张先生入住期间，

在他的浴室里放置了一张防滑垫。这个小小的举动，虽不张扬，却深深体现了酒店对客人需求的关注和对安全的承诺。

张先生每次入住这家酒店，都能感受到员工的专注和对他的个人关怀。酒店的这种细致入微的个性化服务，让他感受到自己被尊重和理解，所以，住宿体验非常舒适和愉悦。因此，张先生对酒店的忠诚度不断增强，他不仅继续选择入住这家酒店，还向他的同事和朋友推荐了这里。

在数字时代，通过数据分析，我们可以深入了解每位客户的偏好和行为模式。利用这些信息，我们可以提供高度定制化的服务和产品

推荐，从而提升客户体验。例如，通过个性化的沟通方式，如使用客户的名字、回顾他们的过往互动，可以让客户感受到品牌的专注和关怀。这种个性化的接触点不仅增加了客户的满意度，还加深了他们与品牌的情感联系，为建立长期忠诚奠定了坚实基础。

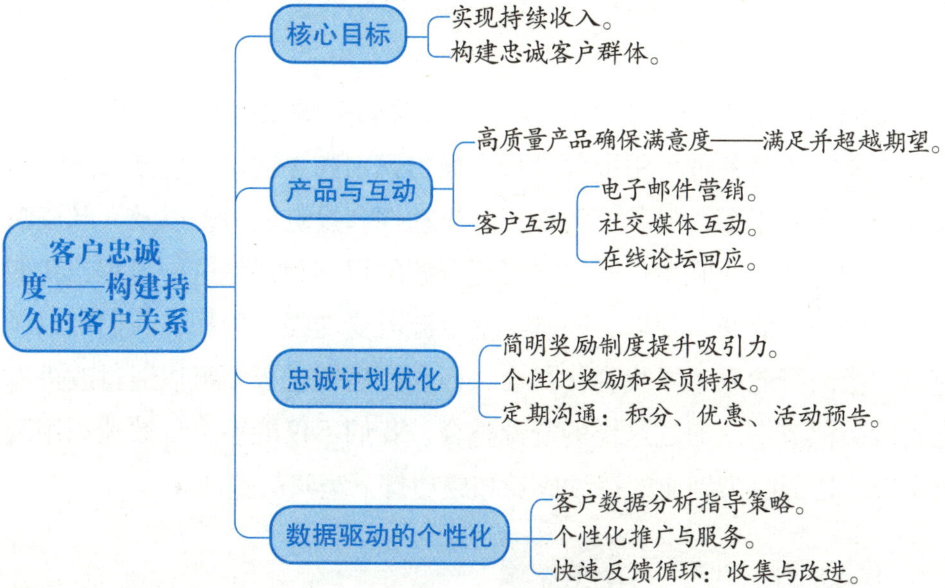

第十五堂课
资源整合与共赢——拓展商业机会的策略

资源整合是提升个人项目效率和收益的关键策略。要实现资源整合，首先需要对各种可用资源进行全面的识别和评估。这包括物质资源如办公设备和库存，财务资源如资金流动性和投资能力，以及人脉资源如个人网络和行业联系。通过对可用资源的识别和评估这一过程，我们可以了解资源的充足程度，明确哪些资源需要增强。例如，我们可以通过其广泛的行业联系寻找合作机会，而在线店铺老板则可以通过改进库存管理降低成本。通过这样的资源整合，我们不仅能够更有效地利用现有资源，还能够为副业的持续成长和成功打下坚实的基础。

小陈是一位旅游爱好者，他发现许多旅行者希望有更个性化和深入的旅游体验，而不是仅仅跟随常规的旅游团。小陈决定利用自己的旅游经验和人脉资源，为旅行者提供定制化的小团旅游服务。

他盘点了自己可以利用的资源：他有多次自助旅游的经验，了解如何规划独特旅游路线；他还认识一些当地的导游和有特色的民宿老板，他们可以为旅行者提供特色服务。

他在社交媒体上建立了一个旅游爱好者群组，分享自己的旅游经历和路线规划建议。很快，这个群组成为一个很活跃的社区，成员们积极交流旅游信息，也有人对小陈的定制旅游服务表现出了兴趣。

小陈联系了几位值得信任的导游朋友和民宿老板，以及一些当地的手工艺人和特色餐厅，提出了合作计划，他们都十分认可小陈的计划，并承诺为客户提供特别的优惠和个性化的服务。

通过这样的资源整合，小陈的个性化旅游服务很快受到了市场的欢迎，他不仅自己赚到了钱，他的合作伙伴也因他带来的客源赚到了钱。

在对个人可利用资源进行全面评估之后，下一步是寻找协作机会。我们要积极寻找与个人资源互补的企业或个人，探索合作的可能性，通过建立互利的合作关系，可以共享资源、知识和专业技能，进而实现双方的共同增长和成功。

机会永远是给主动之人的，因此，我们要主动参加行业会议、参与在线论坛讨论，或者通过社交媒体平台建立联系，识别那些能够与我们资源互补的潜在合作伙伴。然后与之进行深入的沟通和谈判，确保双方的需求、期望和目标能够得到充分理解和满足。例如，内容创作者可以通过与营销专家合作，利用营销专家的推广策略和渠道，将精心制作的内容推向更广泛的受众。这样的合作不仅能扩大内容创作者的影响力，也能为营销专家带来新的创意资源，实现双方的共赢。

张华是一位科技内容创作者，一直在寻找机会扩大他的作品影响力。因此，他经常会参加各类会议，有一次，他参加了一个行业会议，这个行业会议为他们提供了一个平台，让他们能够在论坛上交流想法，探讨合作的可能性，在会议上，他遇到了一位经验丰富的营销专家李明。

在经过几次深入的对话后，张华和李明发现他们可以互相提供所需要的资源。张华需要更广泛的推广，而李明则在寻找有创意的内容来丰富其营销项目。他们决定携手合作，利用各自的优势来达到共同的目标。

为了确保合作能顺利进行，他们共同起草了一份合作协议。协议详细记录了合作的目标、责任分配、资源投入、预期的成果分享以及解决分歧的流程。这份协议不仅为他们提供了法律上的保障，也明确了双方的期望和责任。

随着合作的推进，张华的科技内容开始触及更广泛的受众，而李明的营销项目也因引入了新的创意内容而焕发活力，他们的合作为双方带来了新的机遇。

确立合作关系后，便要着手制定明确的合作协议，以确保双方长期稳定合作。这份协议应详细阐述合作的目标、各方的责任、资源投入、利益分配以及冲突解决机制。明确的条款不仅能够为双方提供合作的法律保护，同时能够作为未来行动的指南。

在签订合作协议时，应明确双方的权利和义务，包括但不限于工作分配、财务贡献、利润分享以及知识产权的归属。此外，协议中应包含一个清晰的争议解决条款，为可能出现的分歧提供解决途径，如协商、调解或仲裁等。在合作执行过程中，双方应保持开放的沟通，定期评估项目的进展情况，并根据外部市场的变化和内部发展的需求，适时调整合作策略。例如，合作双方可以就项目的完成日期、收入分配比例、决策流程等关键事项达成共识，并在协议中明确记录。通过这份详尽的合作协议，使双方能够在明确和公平的基础上共同努力，推动项目成功，实现共赢。

马玉霞是一位长期从事中拉贸易商人。她与秘鲁的马马尼家庭建立了合作关系，将他们手工制作的羊驼毛绒玩偶引入中国市场。在合

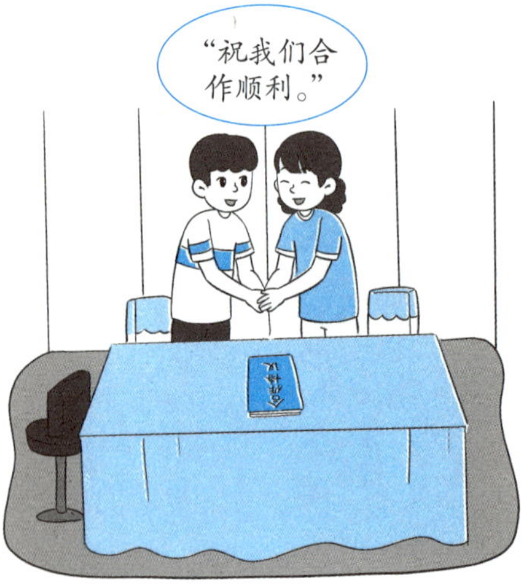

作之初，马玉霞和马马尼家庭共同签订了一份合作协议。

协议中，双方明确了各自的责任和权利。马玉霞负责中国市场的推广和销售，而马马尼家庭则负责生产高质量的羊驼毛绒玩偶。此外，协议还规定了利润分配的比例，确保双方都能从合作中获益。

通过中国国际进口博览会，马玉霞成功地将“温暖驼”品牌介绍给了中国的消费者。马马尼家庭的毛绒玩偶因其独特的文化特色和手工艺而受到了市场的热烈欢迎。随着订单的增加，马马尼家庭扩大了生产规模，提高了当地手工艺人的生活水平。

此外，在合作过程中，双方通过开放的沟通和定期的项目评估，确保合作的顺利进行，并能够及时调整策略以适应市场的变化。

马玉霞和马马尼家庭的合作，不仅为双方带来了经济上的共赢，也促进了中秘两国之间的文化交流。

此外，还有一种共赢的合作模式，即在资源和技能上互补，共同开拓市场。比如，一名精通编程的自由职业者可以与一位市场营销专家合作，前者负责开发应用，后者负责推广。这种合作模式不仅让双方在经济上互惠，还能建立起长期的稳定合作关系，为个人职业发展和财务增长打下坚实基础。

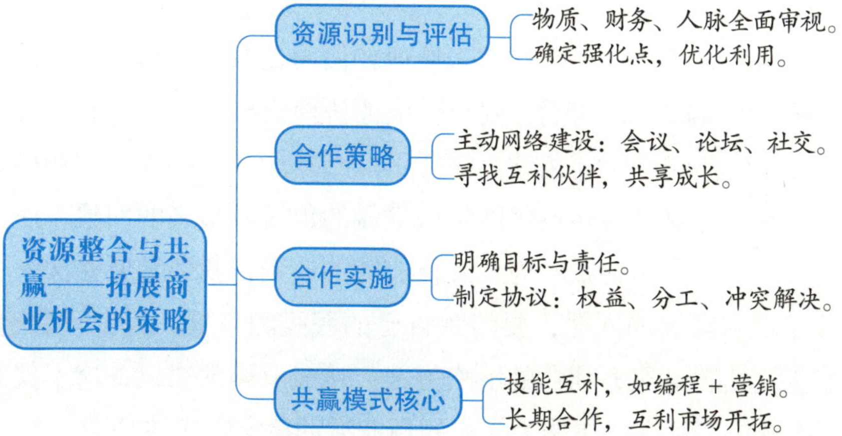

第十六堂课
谈判的艺术——争取更好的交易条件

说完赚钱和管钱，那么现在来谈谈如何通过谈判来提升我们的盈利能力。在商业实践中，我们需要与供应商协商价格，与客户确定服务费用，与合作伙伴讨论合同条款。掌握了谈判技能，就能为我们获得更加有利的条件。有效的谈判不仅能争取最低的价格或最高的回报，而且能建立长期互利的合作关系。为了进行成功的谈判，我们需要在深入了解对方的需求和限制的同时，要清楚自己的底线和目标。因为只有这样，我们才能找到满足双方利益的解决方案，达成双赢的协议，这不仅有助于我们提升短期利润，更能为未来的商业活动奠定坚实的基础。

我国某冶金公司计划向美国购买一套先进的组合炉。为了这次谈判，公司派出了一位高级工程师。在谈判前，这位工程师做了充分的准备工作，他查找了大量有关冶炼组合炉的资料，并对国际市场上的行情以及美国这家公司的历史和现状、经营情况等进行了深入的了解。

谈判开始时，对方开出

了 150 万美元的价格。中方工程师列举了各国的成交价格，并用翔实的数据使美商目瞪口呆，最终，中方以 80 万美元的价格达成了协议。

在谈判购买冶炼自动设备时，美商报价 230 万美元。经过一番讨价还价，价格被压到了 130 万美元，但中方仍然坚持出价 100 万美元。美商表示不愿意继续谈下去，并假装离开谈判桌。中方工程师对此并不慌张，因为他知道同样的设备，美商去年以 95 万美元的价格卖给了法国，而国际市场上这种设备的正常价格是 100 万美元。

一周后，美方回来继续谈判。中方工程师利用准确的信息和坚定的立场，最终以 101 万美元的价格成功签约。

在深入了解对方的各种信息之后，我们需要制定一个清晰的谈判策略，设定具体的目标、确定谈判范围，并预想谈判中会遇到的障碍及应对方案。此外，若想在谈判中占据有利位置，我们还需要了解市场动态和竞争环境。

想要进行有效的谈判，关键在于巧妙地运用心理学和策略。首先，要与对方建立起信任，因为信任是谈判成功的核心，人们都喜欢和真诚、透明的人进行沟通。同时，在交流过程中，我们应密切关注对方的非语言信号，如肢体动作和面部表情，以便准确把握对方的立场和情绪。

此外，还要掌握谈判技巧。适时的沉默可以鼓励对方深入表达，而策略性的让步不仅能展现合作意愿，还能促进对方妥协；使用条件句有助于探测对方底线。通过这些方法，我们可以在谈判中保持主动，引导对话向着互利的方向发展，最终达成共赢的协议。

蜀汉时期，南蛮地区与蜀国接壤，却总是纷扰不断。为了确保边疆的长治久安，丞相诸葛亮决定亲自南征。在一次南征战役中，南蛮王孟获被蜀军俘虏。诸葛亮邀请孟获共进晚餐，不是作为俘虏，而是作为一位尊敬的对手。在饭桌上，诸葛亮向孟获了解南蛮地区的情况，了解其族人的生活习惯和所面临的困境。饭后，诸葛亮在众人面前释放了孟获，这一举动让孟获感到深深的困惑。他回到自己的军帐，心中对诸葛亮的真实意图反复思量，但仍未能找到答案。

不久，孟获再次集结兵力，试图对抗蜀军，却再次被诸葛亮所俘。这一次，诸葛亮与孟获的对话更加深入，他详细询问了孟获对于南蛮未来的期望，以及民众对于和平的渴望。诸葛亮的诚意和对和平的渴望逐渐打动了孟获。

经过数次这样的循环，诸葛亮不仅展现了蜀军的宽容，也逐渐赢得了孟获的信任。在第七次释放孟获之后，孟获终于认识到继续战斗已经毫无意义，决定停止对抗，与蜀汉结盟。

在谈判的过程中，我们要根据谈判的进展和对方的反应，灵活调整我们的策略。例如，如果对方表现出强硬的立场，我们可能需要调整我们的期望值或提出替代方案，同时我们要保持耐心和冷静，避免情绪化的决策。

谈判成功后，便是将协议转化为实际行动了，那么具体应该怎样做呢？

首先，详细记录谈判结果，确保每一条款项都明确无误，避免未来的误解或争议。其次，制订详细的执行计划，包括关键的时间节点、责任分配和预期成果。最后，建立一个监督机制来跟踪进度，确保协议的每个部分都能按时执行。

为了应对执行过程中可能出现的偏差，我们应设立定期的检查点和评估会议，这有助于及时发现问题并采取纠正措施。同时，保持开放的沟通渠道，鼓励双方在遇到障碍时及时沟通，寻找解决方案。

国际贸易经理张伟，刚与海外供应商就电子元件采购项目谈判成功，双方开始逐条梳理了合同内容，确保了价格、交货日期和质量标准等关键条款的准确性。随后，经过双方审阅后，正式签署了合同。

项目启动会议上，张伟和团队成员一起制订了详细的执行计划。他们确定了项目的关键里程碑，包括生产、发货和到货日期，并为每个阶段分配了责任人。

为了确保项目顺利进行，张伟的团队采用了在线协作工具来跟踪进度，定期更新项目状态，并在每周的团队会议上讨论进展情况。

在项目执行过程中，张伟遇到了物流延迟和汇率波动。面对这些障碍，他及时与供应商沟通，调整了交付时间表并采用适当的风险机制缓解了困境。

通过团队的努力和张伟的协调，项目最终顺利完成。电子元件按时到达，质量符合预期，公司生产线得到了如期的物资供应。

张伟和团队的这次经历，不仅加强了与供应商的合作关系，也提升了公司内部项目管理的能力。

最后，我们应该将每一次谈判视为学习和成长的机会。通过回顾谈判过程，我们可以评估自己的表现，识别改进的空间。然后再通过模拟谈判练习，向经验丰富的谈判者学习，不断提升自己的谈判技能。谈判不仅是达成协议的手段，更是一种建立和维护商业关系的重要方式，通过持续的学习和实践，我们可以在商业世界中建立更加稳固和有利的合作伙伴关系。

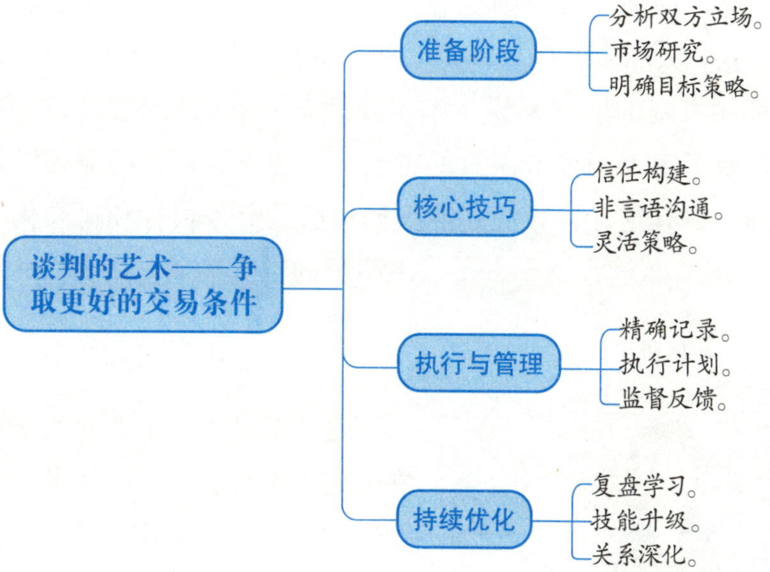

第十七堂课

投资101——让钱为你工作

投资是一条加速我们财富增长的高效途径。市场上充斥着各种投资方式，包括但不限于股票、债券、共同基金等。股票投资使你成为某公司的一名股东，享有公司盈利的分配权，但同时要承担市场波动带来的风险；而债券投资则更像是一种借贷关系，通常能够提供相对稳定的利息收入。由此可见，每一种投资都是收益和风险并存。因此，对于刚接触投资的朋友来说，学习并理解基本的投资知识至关重要，我们必须要了解不同投资工具的特点、掌握市场运作的原理以及熟悉投资规则，只有这样，我们才能根据自己的财务目标和风险偏好，做出明智的投资选择，让我们的钱为我们工作。

赵华面对不断上涨的生活成本和有限的工资增长，开始思考如何更有效地增加收入，通过学习后，他决定将部分储蓄用于投资，以期获得额外的财务增长。

他在在线券商平台上开设了账户，并开始研究不同公司的财务报表和市场分析报告。经过一番比较，他选择了几家具有强劲研发能力和市场扩张潜力的科技公司股票作为投资对象。

然而，市场的不确定性给赵华的投资之路带来了挑战。在一次意外的市场调整中，他持有的科技股价值下跌，这让他感到焦虑。

在经历了初期的投资挫折后，赵华开始更加注重风险管理。他利用金融应用程序监控自己的投资组合，并设置了止损点以避免自己遭受重大损失。此外，他还加入了几个投资社区，与其他投资者分享经验，学习如何在市场波动中保持冷静。

经过反复的学习和实践，赵华的投资策略逐渐成熟。他开始收到债券投资的定期利息支付，而一些科技股在经历市场调整后也逐渐开始回升。

深入了解市场运作机制要求我们密切关注财经新闻，学会从中分析市场趋势。这种分析能力有助于我们预测市场动态，并做出更明智的投资选择。此外，我们还需要掌握财务分析技能，这样，我们就能更深入地评估公司的财务健康状况，进一步降低风险，提高投资回报。

对于刚接触投资的新手来说，选择一种简单且风险较低的投资策略是明智的选择，如定期定额投资指数基金。指数基金包含了许多不同的公司股票，即使你对挑选个股不在行，也能有效分散风险。更重要的是，指数基金的管理费用比较低，可以减少你的投资成本，能省下更多的钱来进行其他投资。

分散投资的另一个好处就是即使市场有起伏，也能保持投资的稳定。比如，如果某个行业表现不好，但你的指数基金包含了很多其他行业的股票，那么其他行业的表现可能会弥补你的损失，帮助你减少整体的下跌风险。

王刚步入职场不久，他想在这个城市有个自己的家，但是房价不便宜，靠工资是完全买不起的，因此，他决定增加自己的额外收入。

他没有个人技能可以开展副业，只能通过以工资生钱的方式来达到目的，他的计划很简单：通过投资积累资金，短期内为购买第一套房子储蓄，长期则为退休生活做准备。他设定了每月投资的具体金额，并计划随着收入的增加而逐步增加投资金额。

开始时，王刚对股市知之甚少，他没有时间去分析每一家公司的财务报告。经过一番研究，他选择了投资指数基金，因为这种方式既能让他参与股市，又能分散风险。

虽然有时市场波动会导致投资价值下降，但长期来看，他的投资组合整体呈上升趋势。他学会了不过分关注短期的市场波动，而是专注于自己的长期目标。

几年后，王刚的储蓄计划取得了初步成效。他离购买第一套房子的目标越来越近，同时，他的退休基金也在稳步增长，王刚感到十分满意。

投资策略应与个人的财务目标和风险承受能力相匹配。例如，为退休储蓄的投资策略会与为购房储蓄的投资策略不同，前者可能更注重长期增值，而后者可能需要短期的流动性。因此，了解自己的目标和风险偏好对于制订合适的投资计划至关重要。

随着投资经验的增长，我们可以考虑探索多样化的投资渠道，以寻求更广泛的投资机会。例如，可以通过投资基金或金融产品来分散风险，同时关注新兴市场的增长潜力。参与我们熟悉行业的创业公司早期融资也是一个选择。然而，这些机遇也伴随着更高的风险，受市场波动和行业发展的影响。

但是，在进入这些领域前，我们必须评估个人的风险承受能力，了解不同投资渠道的运作方式、潜在收益和风险因素，这样，我们才能制订出与个人财务目标和生活愿景相匹配的投资计划，既能追求收益，又能控制风险，确保投资决策的明智性。

陈逸在一家科技公司担任工程师，刚开始工作的那两年，他将每月工资的一部分投入指数基金中，这是他初次尝试投资。后来，陈逸

晋升为高级工程师，并加了薪，但他的同事中，有人创了业，也有人实现了财务自由，这些激发了他的投资欲望，于是，他设定了一个新的财务目标。

一次，陈逸参加了一个关于新兴市场投资的讲座。他了解到新兴市场虽然风险较高，但增长潜力巨大。他仔细研究了这些市场的经济状况和发展趋势，开始尝试投资一些专门针对新兴市场的基金。同时，他利用自己的专业知识，对科技行业创业公司的技术进行评估，并选择了一家他认为有潜力的初创公司进行小额投资。在投资的过程中，陈逸始终保持谨慎，详细记录每一笔投资，定期回顾这些目标与实际表现之间的差异。

此外，陈逸与其他投资者分享经验，获取市场信息，从经验丰富的投资者那里学习如何分析公司的财务报表，以及如何评估市场趋势，他的投资技能逐渐提升。

为了在投资领域不断进步，我们需要持续地通过阅读财经书籍、参与在线投资课程、订阅财经新闻和杂志来汲取新知识，更新对市场的了解。同时，多与经验丰富的投资者进行交流，获取他们的宝贵经验和策略。投资不只是财富积累的工具，也是实现财务自由和个人发展的重要途径。通过不懈地学习和实践，我们可以提升投资技能，让金钱成为我们的助手，为我们的财务目标服务。

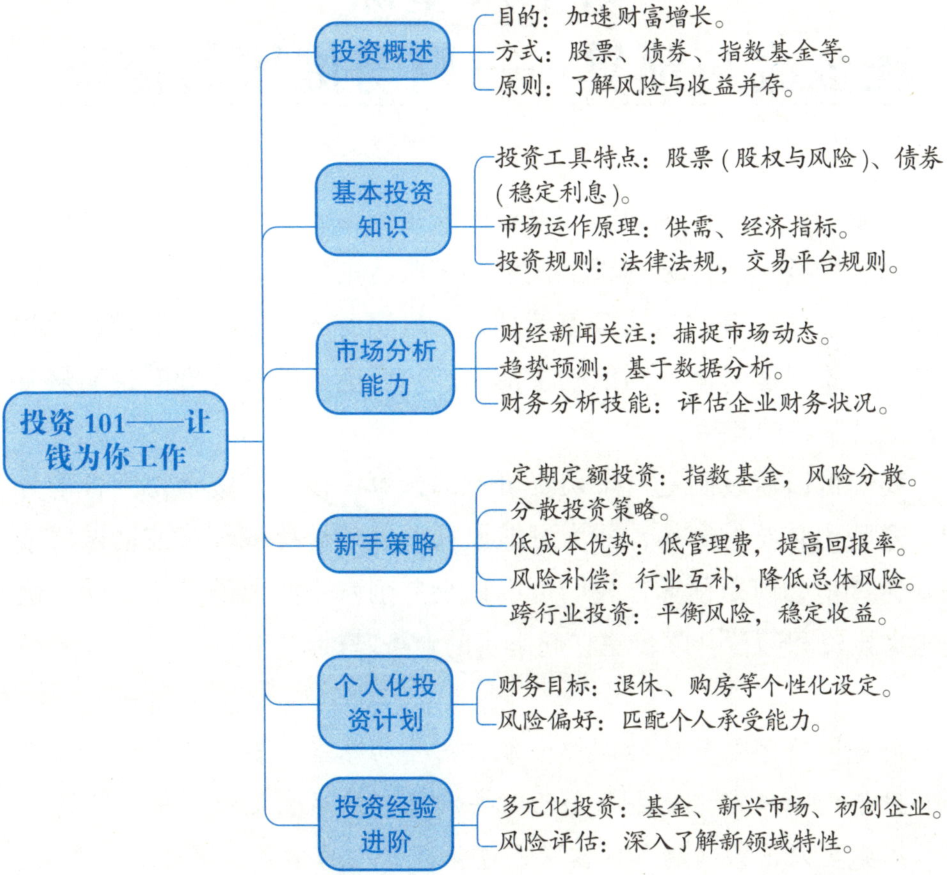

第十八堂课
现金流与预算——财务健康的秘诀

随着我们在多样化的收入渠道中获得收益，我们还需要有这样一个认知，即真正的财务健康不仅依赖于收入的增加，更在于我们如何管理这些金钱。有效的现金流管理是对资金流入和支出的监控，让我们的收入不仅能够满足当前的生活需求，还能为实现我们的长期财务目标提供坚实的支持。

我们可以通过制定一个切实可行的预算，以确保资金得到合理分配，避免不必要的挥霍，并为可能出现的紧急情况或经济波动做好准备。通过精心规划预算，我们可以识别并削减不必要的开支，同时优先考虑投资和储蓄，逐步建立起坚实的财务基础。

周先生每年春节过后，都会拿出去年的账本，在家庭会议上与妻子和孩子们一起审视过去一年的财务状况，然后制定新一年的预算。

周先生列出家庭的各项需求，包括孩子们的学费、课外活动费用、家庭的日常生活开销以及年度旅行预算，同时再为突发事件准备一个紧急基金，以应对可能出现的医疗或汽车维修等费用。

为了更好地控制家庭开支，周先生使用了一个家庭财务管理软件，每次购物后，他都会及时在软件中记录，确保支出不会超出预算。

在一年中，周先生会每季度与家人一起检查预算执行情况。他们一起讨论哪些开支是必要的，哪些开支可以减少或避免。例如，他们可能会选择在超市购买日常用品，而不是在便利店，以节省开支。

到了年底，周先生会进行一次全面的财务回顾。他会评估预算执行的效果，比如是否成功为孩子的教育费用存下了足够的资金，或者是否在旅行上花费过多，然后以此来调整明年的预算计划，确保家庭财务目标的实现。

预算制定的第一步是详细掌握自己的财务状况。这包括记录我们的每项收入，固定支出，以及那些可能变化的开销。通过这样的记录，

我们可以清晰地看到自己的资金去向，从而做出更合理的财务规划和消费决策。

在掌握了自己的财务状况后，便要着手制定预算了，首先，根据自己的实际情况来设定收入和支出的具体目标，包括对固定支出以及日常必需品的预算进行合理规划，如房租或按揭、水电费等。对于这些必需品，我们应该在预算中给予足够的重视，以确保有足够的资金来覆盖。

同时，对非必需品的支出进行规划，包括娱乐、外出就餐、购物等个人消费习惯。虽然这些支出可以增加生活的趣味性，但它们应该在不牺牲必需品和储蓄计划的前提下进行。为此，我们可以为这些非必需品设立预算限额，这样既能享受生活，又能保持财务支出的节制和健康。

王浩在国庆假期去云南旅行了一周。出发前，为了确保旅行既愉快又经济，他提前制定了一个详细的旅行预算。

首先，他根据自己的假期时间和经济能力，设定了一个总预算金额，并开始规划各项开支。他在早些时候就开始关注机票价格，最终在一家航空公司的促销活动中买到了打折机票。对于住宿，王浩选择了性价比较高的民宿，并通过在线预订获得了优惠。

其次，王浩为餐饮、交通和娱乐等非必需品设立了预算限额。他计划品尝当地美食，但会避免高

消费的餐厅；交通方面，他选择了公共交通工具，并购买了当地的交通卡以节省费用；至于娱乐活动，王浩选择了一些性价比高的景点，并购买了套票。

在旅行过程中，王浩严格遵守预算，他使用手机记账软件记录每一项支出，以确保预算不超支。每天晚上，他都会检查当天的花费，并对照预算进行调整。

旅行结束后，王浩发现实际支出比预算略有盈余，他对此感到非常满意。

制定了预算以后，需要严格遵守预算。这需要我们保持自律，并持续地自我监督，通过定期检查账户余额和支出记录，我们可以确保自己不超出预算，并在必要时进行调整。

除了对日常现金流的管理，我们还要做一份长期的财务规划，为未来的大型支出和生活事件做好准备。比如，为孩子的教育基金、购房首付或退休生活等目标设定储蓄计划。

同时，建立紧急基金是理财规划中不可或缺的一环。紧急基金是为我们可能遇到的突发事件，如失业、医疗紧急情况或其他不可预见的开支提供保障的资金。一般建议至少储备 3~6 个月的生活费用作为紧急基金，这样我们可以在面临经济压力时，有足够的缓冲时间来应对。通过这种方式，我们不仅能够应对日常的财务需求，还能够为未来的大型支出和不确定性做好准备。

魏文王问名医扁鹊说："你们家兄弟三人，都精于医术，到底哪一位最好呢？"扁鹊答道："长兄最好，中兄次之，我最差。"文王再问："那么为什么你最出名呢？"扁鹊答："长兄治病，是治于病情发作之前。由于一般人不知道他事先能祛除病因，所以他的名气无法传出去。中兄治病，是治病于病情初起时。一般人以为他只能治轻微的小病，所以他的名气只及本乡里。而我是治病于病情严重之时。一般人都看到我在经脉上穿针管放血、在皮肤上敷药等大手术，所以以为我的医术高明，名气因此响遍全国。"

这个故事虽然是讲扁鹊的兄弟们对病情不同阶段的处理，但与现代财务管理中预算制定、现金流管理和紧急基金建立的理念不谋而合。在财务管理中，建立紧急基金和长期财务规划，就像是治病于病情发作之前的预防措施。通过提前准备和规划，我们可以有效避免未来可能发生的财务危机，而不是等到危机发生后才去应对。

现金流管理和预算制定是实现财务自由的基础。通过有效管理现金流和遵守预算制定，我们可以更好地控制自己的财务状况，避免出现债务问题，并为实现长期财务目标打下坚实的基础。但要切记，财务自由不是一夜之间就能实现的，万万不可冒进，我们要耐心地规划并持续努力，通过不断地学习和实践，逐步提高自己的财务管理技能，让财务健康成为我们生活的常态。

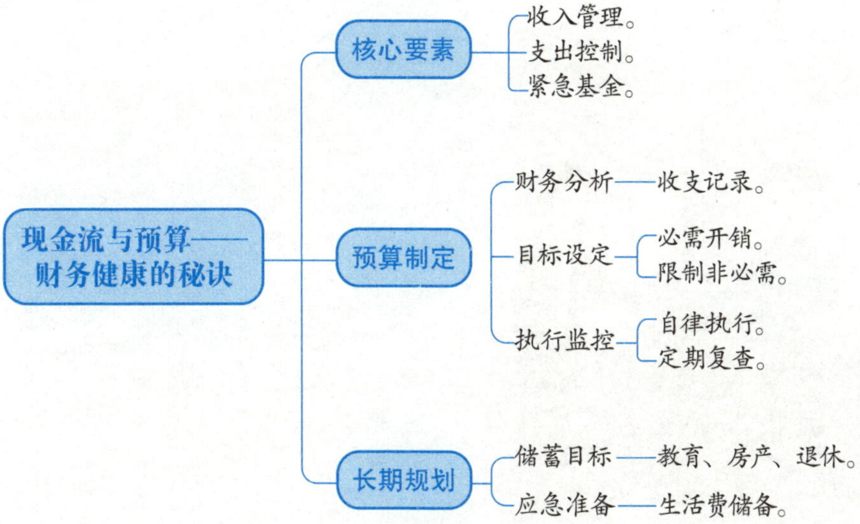

第 4 篇

持续成长，享受生活

告别搬砖生涯的最终目标是换一种方式去积累财富，然后享受生活，物质上的满足需要经济来支撑，这就需要我们做到持续的成长——个人知识、技能的增长，阅历的增加、内心的沉淀等，最终，这些正面的成长能促进经济条件持续的改善。

第十九堂课

团队的力量——1+1>2

事业的长青离不开团队的力量，单打独斗终难成大器。团队并非个体的简单叠加，而是成员间的能力互补。每个成员如同拼图中的一块，独特而不可或缺，才能共同构筑成强大的整体。有效的沟通是团队协作的基石，它确保信息流通，增进相互理解，促进共识形成。目标一致性至关重要，团队成员应围绕共同愿景和明确目标齐心协力，这样才能汇聚成无坚不摧的力量。此外，尊重与信任是团队的黏合剂，鼓励团队的多样性和包容性，能让每位成员在和谐的氛围中发挥最大潜能。面对挑战时，团队能够集思广益，共同寻找解决方案，比起单打独斗更能展现出非凡的创造力与韧性。

李明的创业团队只有五个人，他们要做出市场上最好的智能穿戴设备。

李明夜以继日地优化算法；张华则负责产品设计，无数次的草图迭代；赵雷，负责打开市场缺口，在一次次路演中他的激情演讲吸引了不少投资者的目光；财务小王确保每一分钱都花在刀刃上；而负责运营的刘静，则是团队的黏合剂，她协调内外资源。

一次，就在产品即将面市的关键

时刻，一个核心部件供应商突然宣布破产，供应链面临断裂。团队紧急召开会议，没有指责，只有共同面对的决心。李明提议自主研发替代方案，张华立即调整设计方案以配合李明自主研发，赵雷火速寻找新的市场切入点以缓冲时间压力，小王精确计算成本变动，刘静则通过人脉网络奇迹般地联系到了新的供应商。经过连续几周不分昼夜的努力，他们不仅解决了危机，还让产品在功能上实现了重大突破。

最终，他们的首款智能手环以其独特的健康监测功能和时尚的外观，在市场上大获成功。

在创业过程中，融洽的团队至关重要，融洽不只是指团队氛围和谐，更代表各人对各自的职责十分清晰，并且具备足够的个人能力去完成，当事业遇到困难时，所有的能力汇集在一起解决困难，这才是强有力的有效团队。

有的创业者是因为在职场中无法适应或者无法发挥能力选择创业，或者说选择单干，放弃了组建团队。单枪匹马意味着个人的技能和精力被拉扯至极限。决策时，单一视角容易让盲点扩大。在高强度负荷下，创新灵感与应对突发状况的能力渐弱，身心压力倍增。

资源的局限突出，缺乏合作，错过机遇，融资门槛增高，规模扩张成为奢望。团队精神的缺失，使企业文化难以扎根，吸引人才成为难题，这样就会影响企业的可持续竞争力。因此，尽管独自创业看似英勇，但构建一个技能互补、紧密协作的团队，才是确保创业项目走得更远、更稳的明智选择。

李辉辞职后开始创业，他拥有一项创新的智能家居技术，他自信满满，决定独自启动项目。起初，项目进展顺利。

然而，随着项目的深入，问题接踵而至。李辉既要负责技术研发，又要管理财务、市场推广，甚至亲自对接供应链。繁重的工作压力让他渐渐力不从心，技术迭代速度明显放缓，市场反馈收集滞后，产品定位逐渐模糊。此时，竞争对手却在团队的高效协作下，快速迭代产品，抢占市场份额。

李辉开始意识到团队的重要性，但为时已晚。他曾想尝试招募团队，但由于前期的独断专行，以及在业界口碑受损，难以吸引到志同

道合的伙伴。资金链也开始紧张，由于缺乏专业的财务规划，先前的融资未能有效利用，导致项目资金捉襟见肘。

最终，一次关键的技术故障成为压垮李辉的最后一根稻草。没有团队的支持，修复工作耗时过长，客户信任度骤降，市场口碑一落千丈。李辉的智能家居梦，就这样在孤立无援中黯然落幕。

在创业的征途中，个人英雄主义或许能一时闪耀，但唯有组建并信赖一个专业互补、紧密协作的团队，才能在激烈的市场竞争中乘风破浪，稳健前行。李辉的故事警示后来创业者，创业不是单打独斗的独角戏，而是需要团队共舞的交响乐。

那么，如何快速地组建一个完善的团队呢？首先，要明确目标共识，吸引志同道合者。领导者需展现出清晰愿景，诚挚邀请行业内外认可此目标的人才。其次，识别并重视成员间的技能互补，技术、市场、运营等多元背景融合，促进团队能力全面发展。建立开放交流氛围，鼓励意见表达，即使远距离也保持高频互动。信任与责任并行，赋予成员自主空间，让他们在擅长的领域内发挥最大潜力。适时团建活动，增进情感纽带，工作之外的理解与默契同样重要。面对挑战，共同反思，灵活调整策略，培养团队韧性。

林峰决心成立一支精英团队，以最快的速度冲击绿色能源市场。

第一步，明确核心需求与长远愿景，以此为基础撰写了一份引人入胜的项目介绍，通过行业社群、专业论坛和社交媒体广泛传播。他强调项目对环保的贡献及市场潜力，迅速吸引了一批对此领域充满热情的专业人士注意。

随后，林峰组织了线下交流会，邀请了对项目表现出浓厚兴趣的人士参加。会上，他不仅分享了详尽的商业计划，更重要的是，他展现出了对人才的尊重与渴望合作的诚意。通过深入交流，他精准识别出几位在技术研发、市场营销和财务管理方面的佼佼者，他们的技能互补，且都对林峰的愿景深表认同。

林峰提出了创新的合作模式：初期采用项目分成制，减少固定成本压力，同时承诺随着项目进展，将逐步提供股权激励。这种灵活且具吸引力的机制，让团队成员感受到了信任与价值共享。

在短短一个月内，这支由五位核心成员组成的小而精的团队正式成立，他们迅速投入紧张的研发与筹备工作中。

成功的团队最终会共同享受成果，认可贡献，公平激励，让每个人感受到价值与成长，切忌在分享成果时斤斤计较，违背最初的协定，或者私自占有，要按照协定或者付出进行公平的分配。成员的愿景和期许最终会在经济利益上体现出来，而最终的合理分配决定团队日后的稳定与否，很多优秀的创业团队最终因为分配问题而解散，而那些公平的团队则一路前行。

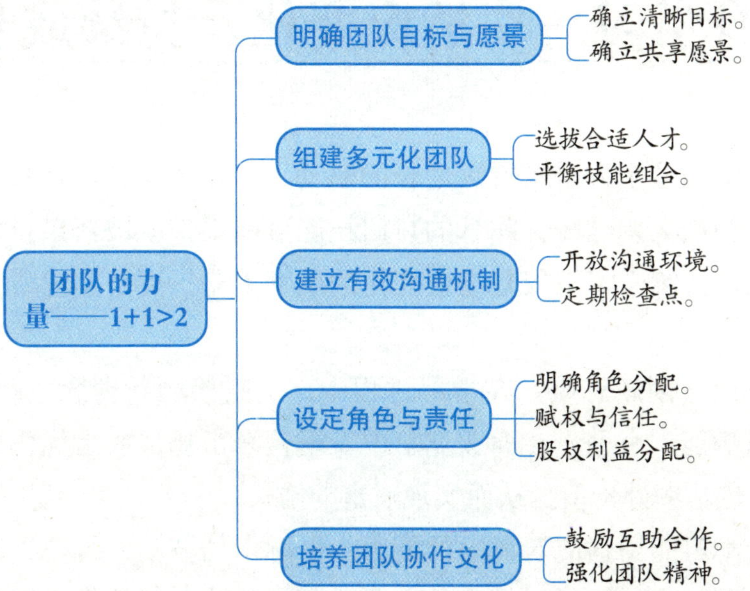

第二十堂课
终身学习——适应变化，持续成长

终身学习是个人财富持续增长的驱动力。在知识经济背景下，技能的更新周期大幅缩短，昨日的热门技能可能很快就被新兴技术所取代。因此，持续学习不仅是适应变化的生存策略，更是实现财富增值的金钥匙。

学习促进创新思维。在学习过程中，不断接触新理念、新技术，激发创新潜能，有助于在商业竞争中发现蓝海市场，或是优化现有业务模式，创造额外价值，从而实现财富的增长。

不断学习能增强应对风险的能力。金融市场波动、行业兴衰，唯有不断学习，才能敏锐捕捉趋势，及时调整策略，有效规避风险，保护并增长已有的财富积累。

张伟是一位会计，生活稳定但乏善可陈。2015 年前后，区块链技术开始崭露头角，张伟敏锐地察觉到这一新兴领域的巨大潜力。他决定投身于这个对他而言完全陌生的领域。

起初，张伟利用晚上和周末的时间，通过在线课程和阅读专业书籍，一点一滴地积累关于区块链的知识。这一过程虽艰辛，但他乐此不疲。

经过一年的努力，张伟不仅掌握了区块链的基本原理，还深入了解了智能合约、加密货币等前沿概念。他意识到，这项技术能极大提升财务透明度和效率，于是在公司内部提出了采用区块链技术优化账目管理的提案。这一创新想法得到了上级领导的认可，张伟因此被任命为新成立的“金融科技小组”负责人。

随着项目的推进，公司的财务管理效率显著提升，成本节约明显，张伟的贡献也得到了公司的高度认可，不仅职位得到晋升，薪酬待遇也随之大幅提升。

几年下来，张伟的个人财富也因工资增长、股票期权以及受邀演讲和咨询的额外收入而显著增加。

不断学习培养的是一种成长型思维，这种积极向上的心态是面对挑战时最宝贵的财富，它激励人们不断追求卓越，它不仅能为个人带来直接的经济收益，更重要的是，培养了适应未来、创造未来的综合能力，让财富增长成为一种长期且可持续的过程。

那么，怎样培养不断学习的习惯呢？首先，树立明确的学习目标至关重要，这些学习目标应当既有挑战性又可实现，它能促使你不断向前探索。其次，培养好奇心，对未知世界保持孩童般的好奇，让学习成为满足求知欲的过程而非负担。建立自律习惯，如设定固定的学习时间表，剔除生活中的无用社交和娱乐，久而久之，学习将成为日常生活不可或缺的一部分。

同时，寻找学习同伴，同伴的激励和资源分享能让你的学习之路不孤单且更高效。适时奖励自己，每当达成小目标时给予自己一些小奖励，比如享受一顿美食，这些正面激励能有效提升学习的积极性。

北宋范仲淹出身贫寒，幼年丧父，母亲带着他改嫁朱姓人家，生活困顿。在那个年代，他没有优越的学习条件，却凭借着一股不屈不挠的精神，持续学习最终改变命运。

他年轻时流落至一座破败寺庙，被僧人收留在寺庙做杂活，每日餐食就是清粥咸菜，他没有自暴自弃，反而将全部精力投入读书之中。

范仲淹在寺庙学习时，将稀粥冷却凝固后，用筷子划成四块，每餐仅食其一，以此来提醒自己勿忘贫寒，刻苦学习。在这样极端简朴的环境中，他夜以继日地苦读，不仅熟读儒家经典，还广泛涉猎历史、军事、哲学等领域，逐渐形成了博大的学问体系和深远的政治抱负。

后来，范仲淹参加科举，一路升迁，但他仍然不断地学习提升自己——他以促民生、解民苦为动力。后来他官至宰相，推行庆历新政，提出“先天下之忧而忧，后天下之乐而乐”的政治理念，成为历史上著名的政治家、文学家。他用自己的经历证明，真正的学习动力源自内心深处对知识的渴望和对理想的追求。

保持终身学习的心态，认识到世界变化迅速，学习不仅是职业发展的需要，更是个人成长和适应未来的必经之路。通过自我反思和调整策略，不断地发现世界的变化和自己新的兴趣点以及适合自己的初衷，动力自然源源不断。

俗话说，活到老学到老，而我们一旦停止了学习，尤其是当我们自认为已经有所成就时，那快速向前的时代很快就会把我们抛下，我们将无法跟上时代发展的步伐。这不仅会限制个人的竞争力，还可能面临被新兴人才替代的风险。缺乏新知识的摄入会缩小个人的视野，影响人的创新思维和解决问题的能力。此外，停止学习还会减缓个人适应社会变迁的速度，影响到生活的方方面面，从科技产品的使用到社会价值观的理解都可能落后于时代。在心理健康层面，停止学习可能会让人感到乏味、失去目标感，甚至产生自我价值的质疑。

张明远是一名工程师，生活在 20 世纪 80 年代的中国，他毕业于一所顶尖大学的电子工程专业，是当时少数掌握计算机技术的专家。张明远凭借其专业才能，在一家国有科技企业担任重要职位，参与了

多项国家科技项目的研发，声名鹊起。

随着90年代互联网的兴起和信息技术的爆炸性发展，新技术不断涌现然而，张明远却满足于现有的成就，他认为自己已经掌握了足够的技术，不再需要像年轻时那样拼命学习。

进入21世纪，张明远所在的企业面临转型升级的压力，急需引入新技术以保持竞争力。此时，那些持续学习、紧跟技术前沿的年轻同事开始崭露头角，他们提出的新项目、新方案更符合市场需求。相比之下，张明远发现自己在许多关键决策会议上难以提出有价值的意见，他所熟悉的技术和管理方法已经显得过时。

最终，张明远因为停止学习而逐渐边缘化，不仅在公司中的地位受到挑战，个人的职业成就感和自信心也大打折扣。他开始努力追赶，但发现技术鸿沟已经难以轻易跨越。

当人不再积极求知，对新事物失去好奇心，故步自封时，即使曾拥有辉煌的过去，也难逃时代发展的洪流，终将为其停滞不前而付出沉重代价。在任何时候，持续学习与适应变化都是非常有必要的。清朝末年的闭关锁国政策，将外国的先进思想和技术统统拒之门外，自以为天朝上国无可比拟，最终被坚船利炮打开了大门，沦为半殖民地半封建社会，就是活生生的例子。

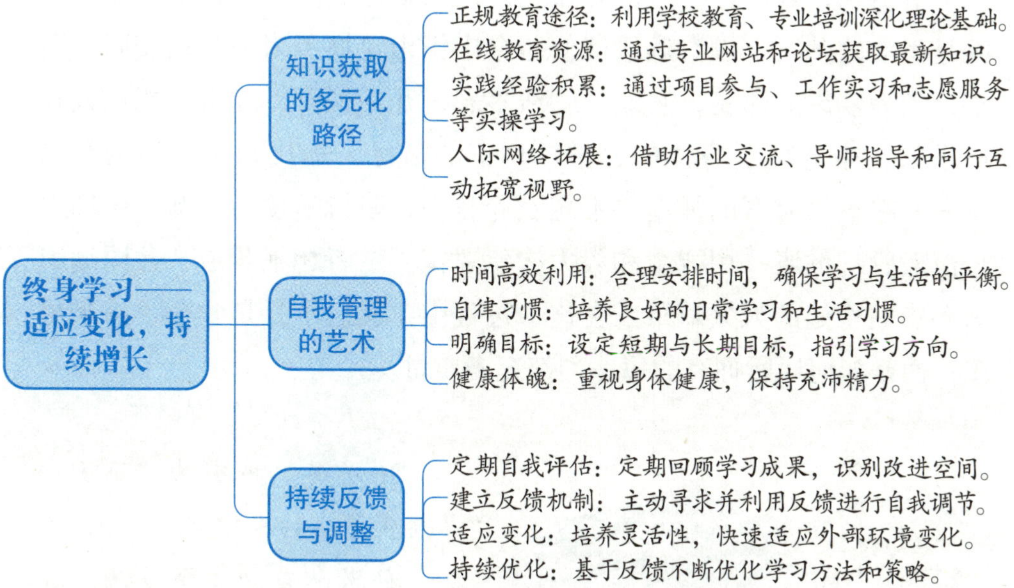

第二十一堂课

健康与财富——平衡工作与生活

俗话说，有命挣，还得有命花，说的就是健康和财富的关系。健康是生活的基石，没有健康即便是金山银山也换不来一日的安眠；财富，则为梦想的翅膀，它能让生活多彩，开拓视野，却也可能让人在追求财富中忽略了身体的警钟。真正的富足，是找到两者间的和谐点——在积累财富的征途中不忘滋养身心，坚持适度与平衡。像细水长流般管理健康，用智慧和毅力构建财富，二者相辅相成，共同编织出多彩而稳健的人生篇章。在这个过程中，我们不只是学会了追求更多，而是如何让所拥有的每一刻都充满质量。

孙思邈，被誉为“药王”，是唐代著名的医学家。

孙思邈自幼体弱多病，这促使他从小就对医学产生了浓厚的兴趣。他不仅深入研究医学理论，还亲自上山采药，实践医术，救治了许多疑难杂症。通过不懈努力，孙思邈不仅治愈了自己的病痛，还因此积累了丰富的医疗经验，逐渐声名远播。

在追求医学知识与实践的过程中，孙思邈并没有忽视对财富的追求。他一生钻研药理，治病救人，积累了很多的财富，他的《千金要方》书名寓意深刻，一方面反映了他对医术价值的高度评价——认为健康无价，医学知识如同千金难买的珍宝；另一方面，他通过行医和著书立说，赢得了社会的广泛认可与经济上的稳定，实现了个人价值与物质回报的双重丰收。

更重要的是，孙思邈在医学实践中，强调“治未病”思想，提倡以预防为主，倡导饮食有节、起居有常的生活方式，这些都是对健康与财富兼顾理念的生动体现。他认为，保持良好的生活习惯，不仅能预防疾病，也是积累长期健康财富的关键。

我们追求财富的初心是为了更好地生活，而更好生活的基础就是健康，健康包括了身体、心理的健康和家庭关系的和谐，平衡两者之间的关系，需要我们在追逐财富时适当的放缓脚步，自我反省深思，及时调整状态，以免顾此失彼，人财两失。

然而，在现代社会的快节奏中，不少人陷入了盲目追求财富的旋涡，而忽视了健康的珍贵。这种失衡的生活方式，短期内或许能带来物质上的富足，但长此以往，弊端重重，实则得不偿失。

首先，持续高强度的工作压力和不规律的生活习惯，容易引发各种慢性疾病，如心血管问题、糖尿病及心理障碍等，严重影响日常活动能力和工作效率，甚至缩短寿命。

其次，长期忙于工作忽略与家人、朋友的相处，会逐渐淡化情感联系，导致孤独感加剧，影响精神健康。

最后，职业倦怠和创造力下降。在持续高压状态下，人的思维活力和创新能力会受到影响，这不仅限制了职业生涯的发展，也可能错失真正实现人生价值的机会。

张伟告别搬砖生涯后创业成为一名企业家，每天，张伟的行程被会议、谈判和市场分析填满，他像一台不知疲倦的机器，24 小时连轴转，饮食不规律，锻炼更是奢侈的想法。

起初，张伟的努力得到了回报，公司业务迅速扩张，利润节节攀升，他成了圈内的明星企业家，媒体争相报道的对象。财富如潮水般涌来，豪宅、豪车接踵而至，但这些表面光鲜的背后，是张伟日益衰弱的身体和紧张的家庭关系。

长时间的熬夜和压力让张伟患上了严重的失眠，不规律的饮食习惯导致了胃病，体重急剧下降，面色憔悴。妻子多次劝他注意休息，

多陪陪家人，但张伟总是以“现在不拼，何时拼”为理由推脱。渐渐地，家中的欢声笑语被沉默取代，孩子的成长他缺席太多，婚姻也出现了裂痕。

终于有一天，张伟在一次重要会议中突然晕倒，被紧急送往医院。医生诊断为急性心脏病发作，需要立即手术并长期调养。躺在病床上，张伟开始反思，自己如此拼命追求的财富，竟差点以生命为代价。

牺牲健康换取财富是一种短视行为，它可能暂时满足物质需求，却严重侵蚀了生活的本质和长远的幸福。财富增长带来的边际幸福感递减，而健康恶化对幸福的影响却是持续且深刻的。平衡工作与生活，重视健康管理，才是实现全面富裕与可持续发展的关键。

想要在快节奏的现代生活中平衡财富与健康，需要采取综合策略。首先，树立正确的价值观，认识到健康是根本，财富是提升生活质量的工具。合理规划时间，保证充足睡眠和适量运动，如晨跑或瑜伽，为身体充电。饮食上，均衡摄取营养，减少外卖，偏好新鲜食材自制餐食。

工作中实行高效管理，设定优先级，避免无效加班。投资自我教育，学习新技能的同时，也关注心理健康，定期进行放松和冥想，减轻压力。

家庭与社交不可忽视，它们是情感支持系统。安排时间进行家庭和朋友聚会，增进情感联系。对于财富积累，采取稳健投资策略，多元化资产配置，同时设立紧急基金，保障经济安全。

林浩经营着一家初创科技公司。初期，林浩几乎把所有的时间都投入工作，日夜颠倒，快餐果腹，忽略了健康。随着公司业务的扩张，

他的体重上升，精力下降，甚至开始频繁生病。

一次偶然的机会，林浩在医院偶遇了老友张强，昔日的张强同样是一名工作狂，但因心脏病发作而不得不重新审视生活。康复后的张强分享了自己的转变：坚持健身、规律作息、合理膳食，事业不仅没有受到影响，反而因其更好的状态获得了更多机遇。

林浩深受触动，决定做出改变。他开始每天早起慢跑，工作间隙做简短体操，晚餐选择蔬菜和瘦肉，拒绝夜宵。在工作管理上，他引入时间管理工具，优化会议效率，确保晚上八点前离开办公室，留出时间陪伴家人和阅读学习充电。

同时，林浩在公司推广健康文化，设立健身房，组织团队建设活动，鼓励员工关注健康。这一系列举措不仅提升了团队的整体活力，也增强了员工的归属感和工作效率。

生命有尽头，财富无止境，所以不要让无休止的追逐消耗掉有限的生命，真正的平衡在于理解何时追求、何时放手，让财富与健康相辅相成，在我们启航的最初就给自己定下两者兼顾的底线，我们的事业和生活才能两全其美；反之，被财富的诱惑冲昏头脑，势必会遭其反噬——身心俱疲。所以，构建幸福生活，让财富为健康服务，而不是让健康成为财富的筹码，是二者平衡的原则。

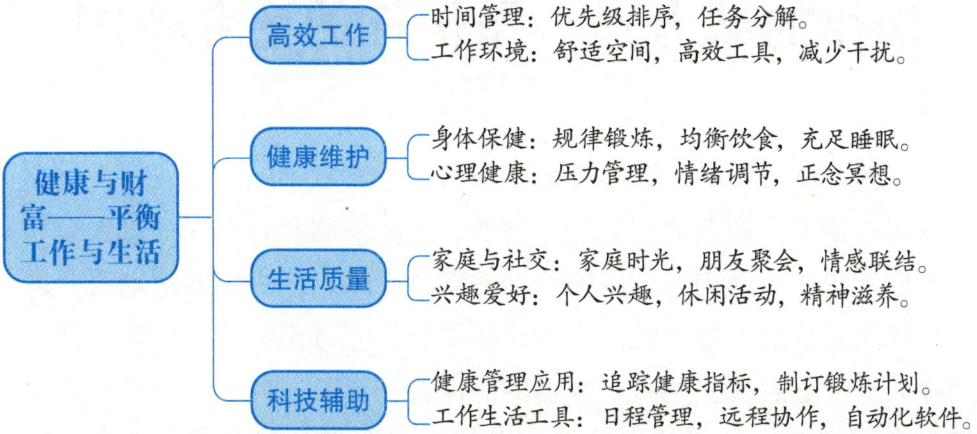

第二十二堂课

法律的威力——保护你的商业帝国

在创业过程中，法律具有根本性的作用，它不仅是企业合规运营的基石，还关乎到企业的生存、发展、风险控制及权益保护等多个核心方面。法律帮助创业者构建稳固的经营框架，确保创业活动符合国家法律法规要求，避免违法行为导致的罚款、诉讼、信誉损失乃至关门停业等严重后果。同时，合理的法律架构能有效保护企业的知识产权、合同权益、员工关系及消费者权益，促进公平竞争，为吸引投资、拓展业务提供坚实的基础。此外，了解并运用相关法律，还能在解决商业纠纷时提供有效途径，维护企业利益，确保创业之路平稳前行。

李明筹备着一家科技创新公司，他满腔热情，然而，在创业初期的激情与忙碌中，李明差点忽略了法律这一关键环节。

起初，为了快速推进项目，他们在用户数据收集与处理上采取了较为宽松的标准，未充分考虑即将实施的数据保护法规。当产品即将上线，一场关于数据隐私的风波在网络上掀起，多家不合规企业遭受重罚，用户对隐私保护的意识空前高涨。他们迅速调整策略，聘请专业法律顾问，严格按照数据保护法重新设计了数据处理流程，并主动向用户透明化展示数据使用政策。

此外，李明团队还遇到了合伙人股权分配不明确的问题，一度导致内部摩擦。在法律顾问的协助下，他们制定了详尽的股东协议，明确了各自的权益与责任，有效化解了矛盾，增强了团队凝聚力。

最终，凭借对用户隐私的尊重和团队的和谐，李明的产品很快赢得了市场的好评和用户的信赖，吸引了多轮融资，公司步入了快速发展轨道。

俗话说，谋定而后动，“谋”就包括了在行动之前认真审视法律法规，只有让自己的产品、销售策略、营销计划、财务运营、团队管理符合相关的法律法规，才能避免诸如劳动仲裁、经济纠纷、知识产权侵权，甚至假冒伪劣等情况出现。

盲目追求创业而不顾合法性，如同构建空中楼阁，隐患重重，最终可能导致一系列严重后果。首先，法律风险是最直接的威胁。未经合法注册或忽视行业规范，企业易遭受行政处罚。其次，缺乏合法性的企业难以获得正规融资渠道的支持，银行贷款、风险投资等资本大门紧闭，资金链脆弱，业务扩张受限。最后，消费者、合作伙伴对非法运营的企业信任度较低，品牌形象大打折扣，市场接受度和竞争力减弱。此外，合法合规是企业长远发展的基石，忽视这一原则，可能错失政府政策扶持、税收优惠等发展机遇。

在东汉末年，有位名为孟佗的商人，他是个渴望迅速致富的小商人，生活在三国纷争的乱世之中。他没有选择脚踏实地的经营之道，而是利用当时权臣十常侍之一张让的权势，进行了一场危险的投机。

他发现张让府中的仆役众多，且都渴望得到主子的赏识，于是心生一计。孟佗带着自家酿造的美酒，没有直接去求见张让，而是先将美酒赠予张让府中的那些仆役，并逐渐赢得了他们的好感。仆役们为了回报孟佗，某日集体向张让推荐孟佗，称其有奇珍异宝。当张让召见孟佗时，他仅献上了一坛普通的酒，却因仆役们的预先铺垫，让张让误以为此酒非凡，对孟佗大加赞赏。

而后，他利用张让的关系，投机倒把甚至倒卖军需物资，迅速积累了财富与名声，但他所采用的手段无疑违背了诚信与合法经营的原则。不久后，东汉朝廷动荡，张让倒台，与之相关的许多人遭到清算，孟佗也因此失去了所有，其故事成为后世警示贪婪与不择手段经营的反例。

不合法的经营行为，如行贿受贿、倒卖禁品等会破坏市场秩序，影响公平竞争，不利于行业的健康发展和社会诚信体系的建设。综上所述，盲目创业而不重视合法性，虽可能短期内规避某些成本，但长期来看无疑是饮鸩止渴，得不偿失。

古往今来，无数创业者的成功或者失败的案例告诉我们，确保事业合法运营，核心在于全面遵循法律框架，涵盖注册登记、深入学习并遵守各领域法规（如税务、劳动、环保等）、建立规范合同管理、获取必要的许可及认证、保障消费者权益、实施透明财务管理及合法用工。同时，注重知识产权保护，维护公平竞争，定期进行法律合规审查，及时应对法规变动。通过主动咨询法律专家，参加合规培训，建立企业内部合规文化，确保每一个环节都符合法律规定，从而成为奠定企业稳健发展的基石。

李明计划创办专注于绿色能源技术的公司。

李明在筹备阶段，没有急于产品开发和市场推广，而是首先深入研究了国家关于新能源领域的各项政策、环境保护法规以及企业设立的相关法律要求。他意识到，新能源行业作为国家战略性新兴产业，受到诸多政策鼓励的同时也伴有严格的标准和监管。

为此，李明聘请了一支包含法律顾问在内的专业团队，从公司注册、专利申请、环保评估到生产许可等各方面进行全面规划。他们确保公司的每一步发展都严格遵循《中华人民共和国可再生能源法》《中华人民共和国环境保护法》等相关法律法规，同时积极申请政府的各项补贴和支持政策。

尤为值得一提的是，李明主动与地方政府部门沟通，参与制定了多项地方性绿色产业促进政策，不仅为自己企业的合法合规经营奠定了坚实基础，也为整个行业的发展贡献了力量。他还推动建立了企业内部的环保管理体系，确保生产过程中的节能减排，赢得了社会和市场的高度认可。

古往今来，守法经营一直被视为商业成功和社会繁荣的基石。历史上，如徽商、晋商等商帮，因诚实守信、公平交易而闻名，这种良好的商业道德帮助他们积累了深厚的信誉，赢得了消费者的信任与忠诚，使得生意能够长久不衰。

在任何时代，商业活动若缺乏法律约束，很容易引发社会动荡。合法经营的企业和个人，其权益受到法律的保护。当遇到合同纠纷、知识产权侵犯等问题时，法律成为其最坚实的后盾。

法律的威力——保护你的商业帝国

- **基础架构**
  - 企业注册与合规：合法注册，遵循行业规范，获取必要许可。
  - 合同管理：规范合同签订，明确条款，防患于未然。
- **知识产权保护**
  - 商标注册：保护品牌标识，避免侵权与被侵权。
  - 专利申请：技术创新，防止技术被盗用。
  - 版权登记：创作内容保护，确保原创者权益。
- **劳动法律**
  - 雇佣协议：合法雇用，明确双方权利义务。
  - 员工管理：遵守劳动法规，保障员工权益，预防纠纷。
- **商业秘密保护**
  - 保密协议：与员工、合作伙伴签订保密协议，防止信息泄露。
  - 安全措施：采取技术与管理手段，确保信息安全。
- **税务合规**
  - 准确报税：了解税法，按时缴纳税款。
  - 合法避税：利用政策优惠，合理规划税务。

第二十三堂课
数字营销——让你的业务无处不在

数字营销，是指利用互联网、移动通信网络、社交媒体、搜索引擎、电子邮件等数字渠道，推广产品、服务和品牌的过程。

数字营销通过大数据分析，深入了解消费者的行为和偏好，实现个性化推广。

相比传统营销方式，数字营销能以更低的成本覆盖更广泛的受众，特别是在社交媒体和内容营销上的投入产出比更为显著。

它提供即时反馈机制，企业和消费者可直接交流，加深品牌与用户之间的互动与黏性。

数字工具能追踪营销活动中的每一个细节，从点击率到转化率，数据化的反馈帮助企业及时调整策略，优化营销方式。

老茶匠李伯和他的孙女小云共同经营着一个茶馆。尽管茶叶品质属于上乘，但由于地处偏僻，顾客稀少，生意清淡。小云决定尝试运用数字营销来改变现状。

她首先创建了官方网站，详细介绍了茶舍的历史、茶叶的种植与制作工艺，配以精美图片和视频，吸引远方的茶文化爱好者。其次，小云利用社交媒体平台，如微博、微信公众号，分享茶文化故事、品茶心得，与网友互动，逐渐聚集了一批忠实粉丝。

通过数据分析，小云发现许多关注者对体验式旅游十分感兴趣，于是她策划了“茶山之旅”活动，结合线上预约系统，为旅行者提供定制化的采茶、制茶体验套餐，并在各大旅游论坛和社交媒体上进行精准推广。数字营销的魔力很快显现，不仅本地游客增多，连远道而来的茶友也络绎不绝。

不到一年，默默无闻的小茶馆变成了远近闻名的文化地标，销售额翻了几番。李伯看着茶舍的热闹景象，欣慰地对小云说："看来，这数字营销真是门大学问，既保留了咱们的传统茶艺，又打开了新世界的大门。"

在快节奏、高效率的现代社会，很多传统的行业无法适应社会高速的变化，又不想被淘汰，解决的办法就是采用数字营销，与传统的营销方式不同，数字营销淡化了地域限制，年龄界限，甚至文化差异，让产品或者服务及时呈现，让消费者更高效地去了解。

紧跟时代潮流，便是时代的弄潮儿，数字营销就是时代潮流，拥抱它就能让传统行业收入倍增。反之，抵触数字营销的传统行业易遭受多方面挑战：顾客群体受限，多数消费者偏好数字平台搜索、购买；品牌知名度及市场影响力衰减，难以在网络空间有效传播；竞争劣势明显，对手通过数字策略精准定位、吸引客户；市场反馈滞后，缺失大数据支持下对消费趋势的敏锐把握；客户互动匮乏，影响个性化服务与体验，忠诚度下滑。综上所述，忽视数字营销将使传统行业在当今市场中渐失阵地，发展受阻。

“步云阁”是一家制鞋百年老店，以其精湛的手工制鞋工艺闻名。然而，随着时代的变迁，周围的店铺陆续开始了数字化转型，利用社交媒体、电子商务平台拓宽销售渠道，而“步云阁”却坚持传统工艺，抵制数字营销。

起初，老顾客的忠诚让店面尚能维持运营，但渐渐地，店铺发现顾客群体在逐渐老化，新顾客的增长几乎停滞。年轻一代消费者更习惯于在线浏览、比较和购买，他们通过社交媒体上的潮流推荐和在线评价来决定购物选择。

面对这样的市场变化，“步云阁”的生意日渐冷清，老板终于意识到，坚守传统的同时也必须拥抱变革。于是，他开始尝试建立线上店铺，学习使用社交媒体推广，并邀请老顾客在网上分享他们的穿着体验。慢慢地，“步云阁”在网络上也有了自己的一席之地，也让老手艺焕发了新的生机。

即使是最具传统魅力的行业，也不能忽视数字营销的力量。在保留匠心精神的同时，融入现代营销策略，是传统行业在新时代持续发展的关键。

数字营销的低门槛，也为我们普通的搬砖者创造了更大的舞台和更多的机会，让我们可以以个体的身份去整合以前力不能及的资源，去创造以前无法想像的财富。我们应把握住数字营销的红利时代，放开眼界，放下顾虑，告别搬砖，去创业，去追逐自己把控的财富。

作为普通打工人，利用数字营销提升个人品牌或副业影响力，并非遥不可及。首先，明确个人定位，比如擅长烹饪的可以定位为美食博主。

其次，在各大社交平台如微博、抖音、小红书创建账号，发布高质量内容，如分享烹饪技巧、制作美食视频，保持定期更新，吸引粉丝关注。

利用 SEO 优化，确保内容关键词贴近目标受众搜索习惯，提高自然流量。

运用微信、QQ 等即时通信工具建立粉丝群，加强与粉丝互动，了解需求，开展问答、直播等活动，增强用户黏性。考虑合作推广，与其他 KOL 或品牌进行互推，扩大曝光度。

李明是一名普通的上班族，他有一个爱好——园艺。朋友们常夸他有双“绿手指”。

一次偶然的机会，李明看到一篇关于普通人通过网络分享兴趣爱好实现副业收入的文章，他决定尝试用数字营销推广自己的园艺知识，创造财富。

起初，李明在抖音开设了一个名为“阳台小森林”的账号，分享种植技巧、花卉养护心得，还有那些美丽的瞬间。起初，观看人数寥寥无几，但他没有放弃，坚持每周更新，学习如何优化标题、使用热门标签，甚至尝试短视频教学，让内容更加实用、有趣。

转机出现在一次偶然的直播中。那天，他直播如何拯救一株即将枯萎的多肉植物，吸引了大量观众。直播结束后，粉丝数激增，许多人留言求购他培育的植物，更有商家邀请合作。

李明趁热打铁，开通了微店，开始售卖精选的园艺工具和自己繁殖的植物。他利用社交媒体构建社群，分享园艺之美，解答粉丝问题，营造了一个温馨的交流空间。随着口碑传播，他的小事业慢慢壮大，收入超过了本职工作。

网络笔记、短视频、直播等是当下正火爆的数字营销方式，普通人往往意识不到自己在兴趣爱好方面有多么的专业，有多大的潜力，一旦这些兴趣爱好与数字营销结合，就能迸发出意想不到的火花。

财富，不是遥不可及的，我们身上都有创造财富的本领，只需要一个合适的契机和一个合适的工具，那就是数字营销；粉丝和顾客不会自己找上门来，需要我们为他们铺一条路，那就是数字营销。

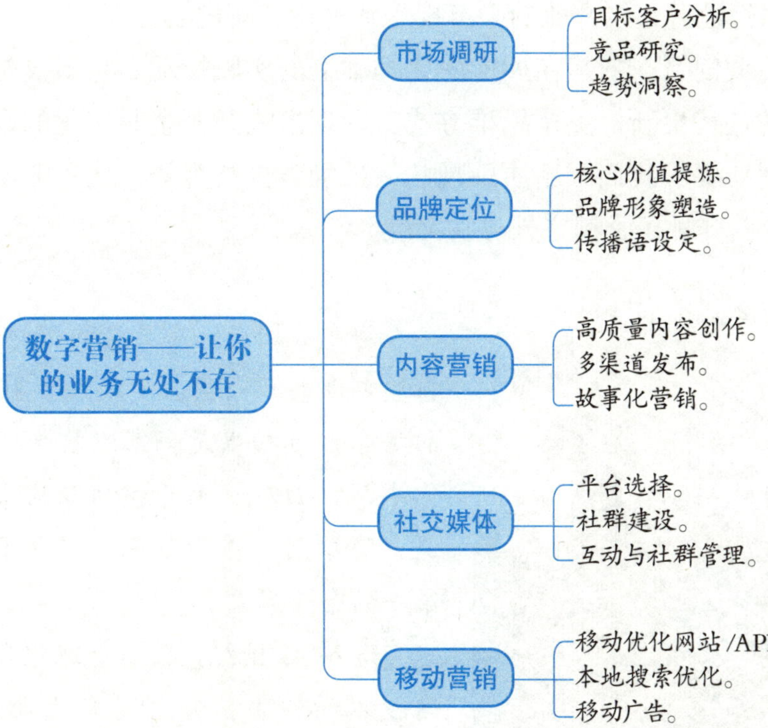

第二十四堂课
拥抱变化——持续创新，适应未来趋势

“拥抱变化，持续创新”不仅是企业生存发展的核心动力，也是个人成长的不竭源泉。变化不可阻挡，它或是技术革命带来的产业重塑，或是市场风向的悄然转变。面对这样的不确定性，被动适应已非上策，主动拥抱才是明智之选。这意味着我们要有敏锐的洞察力，预见趋势，勇于跳出舒适区，以开放的心态接受新事物、新挑战。

而持续创新，则是在拥抱变化基础上的实践行动。它不仅是产品或服务的迭代更新，更是思维方式、管理模式乃至企业文化的根本性变革。创新要求我们不断质疑现状，鼓励尝试与容错，从失败中吸取教训汲取营养，于常规之外寻找突破。

海尔集团是一个典型的拥抱变化、持续创新的正面案例。成立于 1984 年的海尔，最初只是一家濒临倒闭的集体小厂。面对改革开放初期的市场机遇，海尔团队勇于改革，树立了质量第一的企业形象。

进入 21 世纪，面对全球化和互联网技术的冲击，海尔没有故步自封。它创造性地提出了“人单合一”的管理模式，强调员工与市场的直接对接，鼓励内部小微创业团队的形成，这一模式极大地激发了组织活力，提升了市场响应速度。

海尔还积极探索智能家居领域，构建起开放的物联网生态系统——“U+ 智慧生活平台”，连接家电、服务与用户，为客户提供个性化智慧生活解决方案。通过持续的技术研发和跨界合作，海尔从传统的家电制造商转型为领先的智慧家庭解决方案提供商，其创新产品如智能冰箱、洗衣机等，深受市场欢迎。

海尔的海外扩张同样体现了其拥抱全球化的决心，通过收购 GE 家电、斐雪派克等国际品牌，海尔不仅扩大了全球市场份额，还促进了技术和管理经验的国际交流，实现了品牌的国际化升级。

拥抱变化让创新有了方向和动力，持续创新则赋予了变化实质的内涵和持久生命力。在这个过程中，我们不仅能够把握先机，引领潮流，更能在不断的探索与实践中，实现自我超越，共同塑造一个更加繁荣与多元的未来。

不愿意拥抱未来和创新，普通打工者将面临严峻挑战：技能迭代加速，原地踏步意味着被先进技术浪潮所淘汰，竞争力急剧下滑；新兴岗位涌现，固守传统技能限制了职业道路的拓宽，优质就业机会减少；薪酬晋升受阻，创新往往是晋职加薪的关键驱动力，落后即意味收入停滞；此外，缺少参与创新实践的机会，工作激情与成就感逐渐消磨，职业倦怠提早到来。综上所述，抗拒变化不仅阻碍了个人发展，更威胁职场生涯的可持续性与幸福感，更不要去谈搞一些副业或者自己创业，后者比职场搬砖更需要持续的变革和创新。

张明曾是一位在 IT 公司默默耕耘的程序员，怀着对技术的热爱和对自由的向往，他毅然决然地辞职，创立了自己的软件开发公司。起初，凭借一款简洁高效的项目管理软件，张明迅速在创业圈内赢得了名声，公司业务蒸蒸日上，一切看似都在朝着理想的方向发展。

然而，随着时间的推移，张明渐渐陷入了舒适区。他认为自己手中的产品已经足够成熟，无须再进行大的改动，对市场涌现出的新技术和用户需求变化视而不见。他拒绝了团队几次提出的创新提案，认为那些都是“不必要的冒险”，坚持认为稳定比什么都重要。

与此同时，行业内其他竞争对手却在不断推陈出新，引入人工智能、大数据分析等功能，为用户提供更加个性化和智能化的服务。用户的需求也在不断升级，他们开始寻求更加高效、便捷的解决方案，而张明的软件逐渐显得功能单一，用户体验相比之下显得落后。

不久之后，市场反馈开始显现，用户流失率上升，新用户增长放缓，曾经的忠实客户也开始尝试竞争对手的产品。

现代社会新知识、新技能、新产业层出不穷，摆在我们普通打工人面前的选择多不胜数，改变命运的路更多了，我们首先要做的不是选择某一条路，而是接受改变的可能性和可行性，然后再去选择一条适合自己的路，去提升技能，让自己具备持续创新的能力。

那么，普通的搬砖一族该如何让自己具备拥抱变化、持续创新的能力以适应未来趋势的发展呢？关键在于将学习、实践与开放态度融入日常。保持对新事物的好奇心，无论是通过阅读、网络课程还是行业交流，不断吸收新知识，了解前沿趋势。同时，勇于在日常工作或个人项目中尝试新方法，哪怕起初规模不大，重要的是在实践中快速迭代，从每次尝试中学习和调整。保持创新的灵活性，对批评和失败持接纳态度，将其视为成长的垫脚石。建立多元化的人际网络，与不同背景的人交流，可以拓宽视野，激发创新思维。

张强是一名普通的工厂技术工人，每天与轰鸣的机器为伴，在工作之余，张强自学编程和自动化技术，梦想着能用所学技术改善生产线的效率。

一次偶然的机会，张强发现工厂的装配线存在瓶颈，频繁换模过程耗时长且效率低下。他萌生了一个创新念头：设计一套智能快速换模系统。面对资金和资源的限制，张强并没有退缩，而是利用业余时间，通过网络课程深化知识，甚至在二手市场淘换零件，亲手制作原型。

经过数月的努力，张强的智能换模系统初具雏形。他鼓起勇气向厂长展示了自己的发明，起初并不被看好，但通过实际测试，这套换模系统竟将换模时间缩短了 70%，大大提高了生产效率，节省了成本。厂长对此刮目相看，不仅在全厂推广使用，还鼓励张强进一步完善并申请专利。

他成立了自己的技术公司，专注于智能工厂解决方案的研发。随着业务的扩展，张强的创新技术帮助多家企业实现了生产线的智能化改造，创造了巨大的经济效益。

张强的成功，是他拥抱未来、持续创新的最好证明。他用自己的经历激励着每一位普通工人，只要有梦想，勇于探索，即使起点再低，也能在科技的浪潮中乘风破浪，创造出属于自己的财富和价值。

每一位普通的打工人，无论身处哪个领域，搬砖都不是注定的命运，只要心有改变的志向，只要勇于接受改变后的变化，不仅是财富的增值，还包括知识层面、技能等级、社交圈、朋友圈等的变化，然后不断地适应潮流，不断地创新，必定会告别搬砖生涯，实现自己生活和事业的质的改变。俗话说穷则思变，变则通，没变化，就没有革新，也就没有获得财富的机会。

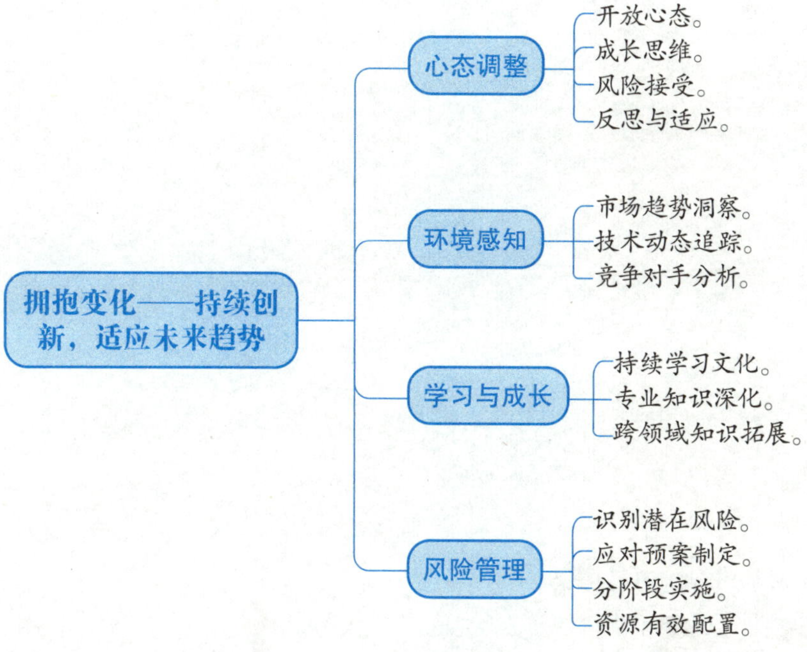